Atabay Jumaniyazov
Iroda Ismailova

Religion

Atabay Jumaniyazov
Iroda Ismailova

Religion

Themenheft

Fromm Verlag

Imprint

Cover image: www.ingimage.com

Publisher:
Fromm Verlag
is a trademark of
International Book Market Service Ltd., member of OmniScriptum Publishing Group
17 Meldrum Street, Beau Bassin 71504, Mauritius

Printed at: see last page
ISBN: 978-620-2-44259-6

Themenheft

Religion

Verfasser: Atabay Jumaniyazov
Iroda Ismailova

Urgentsch-2018

Autoren:

Atabay Jumaniyazov

Iroda Ismailova

Inhalt

Ökumene: Gemeinsamer Weg So baut sich die deutsche Kirche auf die Ehe, der Islam… Nachholbedarf an Verstehen zwischen ORIENT und OKZIDENT	Arbeit an dem Wortschatz und den Begriffen zum Thema „Deutsche Kirche“ muttersprachliche Entsprechungen finden Die Vokabeln aus dem Text erschließen Arbeit an Vokabeln mithilfe des Wörterbuchs	Satzbeispiele bilden Antonyme führen Die Begriffe zum Thema „Deutsche Kirche“ einprägen und zum Thema „Ehe und Familienplanung“ Gespräche führen, diskutieren und argumentieren Antwort auf die Fragen zum Text, Satzbeispiele mit neuen lexikalischen Einheiten Über heilige Orte, Plätze, Gegenstände erzählen
Einheit 3	**Das Judentum**	**Seite 51**
Grundzüge der jüdischen Religion Thora die Gebete und Thora	Arbeit an Vokabeln, Texterläuterungen zum Thema „das Judentum“	Die Sinnsprache des jüdischen Heiligen interpretieren die Verpflichtungen des Judentums erklären
Einheit 4	**Juden, Christen und Muslime**	**Seite 57**
Gemeinsamkeit in Lehre und Handeln Gotthold Ephraim Lessings Ansichten in „Nathan der Weise“ Gedicht „Talismane“ von J.W.Goethe	Arbeit an Vokabeln Texterläuterungen mithilfe des Wörterbuchs Arbeit an der Bedeutung und dem Gebrauch des Sagens	Über grundlegende Gemeinsamkeiten sprechen können Den Inhalt des Aufzugs erzählen können, zu dem im Aufzug gehobenen Problem Stellung nehmen
Einheit 5	**Arbeitsmaterial zur Auswahl**	**Seite 58**
Wichtige christliche Kirchen und Gemeinschaften Was Katholiken und Protestanten trennt? Brauchen wir eine neue Religion? GLOSSAR	Arbeit an Vokabeln, Texterläuterungen	Gespräche zu angegebenen Themen führen, diskutieren, argumentieren die Kommunikationsmodelle benutzen

Vorwort

„Religion“ ist ein Themenheft für die Studenten des 4.Studienjahres der Fremdsprachenhochschulen, -universitäten und -fakultäten.

Die Arbeit mit dem Heft setzt voraus, dass die Lerner bereit 3 Jahre Deutsch studiert haben und über eine solide Basis der Kenntnisse verfügen.

Das Themenheft besteht aus den folgenden Einheiten:

1.Der Islam

2.Das Christentum

3.Das Judentum

4.Juden, Christen und Muslime

5.Arbeitsmaterial zur Auswahl

Die Textarbeit ist ein tragender Bestandteil des Themenhefts. Um die Studenten in ein fremdsprachliches Umfeld zu versetzen, sind im Heft zum größten Teil authentische Texte unter Berücksichtigung verschiedener Textsorten verwendet. Die Übungsfolge beginnt bei der Textrezeption, der Überprüfung des Leseverständnisses und führt über eine reproduktive Phase zur Produktion eigener Texte und zum kreativen Handeln. Die Texte sind ein Ausgangspunkt, um sich mit der eigenen Realität auseinanderzusetzen und fördern somit das interkulturelle Lernen. Das Arbeitsmaterial (5.Einheit) zur Auswahl ist ein fakultatives Angebot mit Vorschlägen zur weiteren Didaktisierung. Dort wird es auf weitere Zusatzmaterialen hingewiesen, die zu der Themeneinheit passen. Die Autoren wünschen den Lehrern und Studenten viel Spaß mit dem Themenheft.

Die Autoren

VERNUNFT oder GLAUBE

Man bezweifelt heute die Existenz Gottes. Aber nicht nur das. Man mache es sich nicht zu einfach: Seit eh und je ringt man in anderer Weise auch mit der Unsicherheit des menschlichen Daseins und seit der Heraufkunft des modernen, vernünftigen Menschen beinahe verzweifelt gerade um das Problem der menschlichen Gewissheit. Wo gibt es, so fragt man sich, eine felsenfeste, unerschütterliche Gewissheit, auf der sich alle menschliche Gewissheit aufbauen lässt.

(Hans Küng, „Existiert Gott?“ Piper, München,1978)

1. Informieren Sie sich bitte, was Jugendliche in Deutschland unter Religion verstehen und was Religion für sie bedeutet.

Sagen Sie kurz:

Für Benjamin bedeutet Religion...

"Religion bedeutet für mich nicht sehr viel. Ich gehe zwar ab und zu in die Kirche, aber es bedeutet mir nichts. Trotzdem glaube ich an Gott. Seit über 13 Jahren bin ich evangelisch und sehe keinen Grund, meine Glaubensrichtung zu ändern. Mit Religiosität verbinde ich das Tun und Handeln anderer Menschen zu verstehen und zu respektieren. Die Kirche halte ich für sinnvoll, weil sie den Glauben an Gott verstärkt. Ich glaube an ein Leben nach dem Tode und an die Wiedergeburt."

Benjamin Sanders, 16 Jahre

Christian meint, dass Religion...

ach meiner Meinung ist Religion vor allem für Menschen in Not wichtig, sie ihnen Trost, Stärke, Mut und Hilfe gibt. Ich selbst glaube an Gott, ürde ihm aber keinen Namen geben. Manchmal glaube ich an das Jen- ts. Aber ich frage mich dann immer, wie es dort wäre und wo es ist."

ristian Kuhring

Jahre

Jennifer findet Religion...

"Ich finde Religion okay. Ich denke, dass man auch ein Christ bzw. Gläubiger sein kann, wenn man nicht jeden Sonntag in die Kirche geht oder vor dem Essen betet. Ich glaube an Gott. Ich mache mir kein Bild von ihm, weil in der Bibel steht, dass man sich kein Bild von ihm machen darf. Außerdem denke ich, dass Gott viele Gestalten annehmen kann. Die meiste Anziehungskraft hat für mich die evangelische Religion. Sie hat keine andere Götter oder Heilige. Mein Ziel ist, ein guter Christ zu sein. Außerdem möchte ich später einmal mit meinem Beruf anderen Menschen helfen. Ich denke, seine Ziele kann man nur mit Gott erreichen. Das trifft auch auf andere Religionen zu, z. B. auf den Islam, dessen Gott Islam heißt. Aber es bedeutet nichts anderes als Gott. Von der Kirche als Institution halte ich nicht viel. Die Gottesdienste sind langweilig. Ich glaube an ein Leben nach dem Tod. Ich stelle mir vor, dass Jesus alle guten Menschen zu sich halt und mit Ihnen eine neue Welt erschafft."

Jennifer Winkler, 16 Jahre

Till verbindet mit Religion...

Mit Idealen und Zielen von Religion verbinde ich, dass ich Gott zum Beispiel dankbar bin, wenn ich etwas Wichtiges, wie eine Prüfung geschafft habe. Von der Institution Kirche ist es okay, dass sie sich für die Armen und Schwachen einsetzt. Auch dass Sie sich die Kirche mit Jugend beschäftigt, finde ich gut. Trotzdem bringt mich all das nicht dazu, in die Kirche zu gehen."

Till Bergmann, 18 Jahre

Axel ist interessiert an der Religion, dass...

"Unbeschreibliche Dinge lassen sich nur durch ein höheres Wesen erklären. Irgendwo im Weltall gibt es noch andere Lebewesen. Einen Gott kann man sich nicht vorstellen, umd wenn man ihn nicht kennt, kann man ihm auch keinen Namen geben. Von Kirche halte ich im Allgemeinen nichts. Sie versucht, die Menschen in der "3. Welt" zu unterdrücken. Ich bin nicht getauft und glaube auch nicht an Gott. Ich gehe jedoch in den evangelischen Religionsunterricht. Mich interessiert, wie meine Mitschüler und Mitmenschen denken. Mich interessieren auch die meisten Themen, die wir in diesem Unterricht besprechen. Ich selbst glaube nicht an ein Leben nach dem Tod. Man lebt nur einmal. Die Kirche hat durch die Behauptung, dass nach dem Tod das Paradies wartet, viele Anhänger bekommen."

Axel Berk, 17 Jahre

Rouven kann sich nicht vorstellen, dass...

Für mich gibt es ein Leben nach dem Tode, weil ich mir einfach nicht vorstellen kann, nicht mehr zu existieren und einfach weg zu sein. Eigentlich glaube ich an Gott, aber manchmal habe ich auch Zweifel zum Beispiel weil es oft keine Corechtigkeit auf der Welt gibt.

Rouven Funke, 19 Jahre alt

2. Was verstehen sie unter „Religion"?
3. Sind Sie gläubig?
4. Welche Bedeutung kommt der Religion in Ihrem Alltagsleben zu?

1.Welcher Jugendliche sagt was?

a) Mein Ziel ist ein guter Christ zu sein____________________________
b) Von der Kirche halte ich im Allgemeinen nichts?___________________
c) Für mich gibt es ein Leben nach dem Tode_______________________
d) Dass sich die Kirche mit Jugend beschäftigt,
finde ich nicht gut____
e) Religion ist für Menschen in Not wichtig_________________________
f) Ich glaube an die Wiedergeburt_________________________________

WORTFAMILIE

2. Bilden Sie Wortzusammensetzungen und damit Sätze.

GLAUBE

Muster: *Glaube + ens + Eifer = der Glaubenseifer*
Menschen, denen man bei so hohem Alter solch kindlichen Glaubenseifer nicht mehr zugetraut hätte, sind mit Fingern abzuzählen.

+ bruder; + freiheit; +genosse; +zwang; +satz;

+ bekenntnis + krieg; +streit; +stark; +voll

3. Erklären Sie, wer/was ist/heißt -- gläubig
--glaubhaft
--glaubwürdig
--Gläubiger
--unglaublich
--Aberglaube

Muster: *gläubig (Adj) 1.vertrauensvoll.* Ich sehe meine Eltern gläubig an.
2. in fester religiöser Überzeugung, in festem Glauben.
Die Gläubigen versammelten sich auf dem Platz vor dem Dom.

5. Bilden Sie Beispiele: glauben, dass.............
glauben an + Akk........
glauben + Dat.............

6. Wie kann man an etwas glauben? Bringen Sie Satzbeispiele.
(fest, intensiv, nicht ernsthaft, gar nicht...)

7. Woran oder an wen glauben Sie? **Versuchen Sie Ihre Antwort zu begründen**
(an die eigene Kraft, an das Schicksal, an Gott, an den Erfolg...)

8. Gebrauchen Sie folgende Wörter und Wendungen, Satzstrukturen in Situationen:
jmdn. etwas glauben machen wollen, wer's glaubt, wird selig,
das ist doch kaum zu glauben, du glaubst wohl an Wunder, an sich selbst glauben;
Wir glaubten ihm längst in Berlin.
Man glaubt ihr die Tänzerin. Sie glaubt jedes seiner Worte.

RELIGIONSSTIFTER UND BEGRÜNDER.

1.**Kennen Sie sie?**
2.Ordnen Sie den folgenden biographischen Angaben der richtigen Person zu.

(570-632)

____

Arabischer Religionsstifter, Begründer des Islams. Er begann 610 als Prophet eines alleinigen Gottes (Allah) aufzutreten. Er distanzierte sich vom Juden-und Christentum, erkannte aber Moses und Jesus als Vorgänger.

(1483- 1546)

____

Begründer des deutschen Protestantismus. Doktor der Theologie, Professor in Wittenberg, gelangte zu der Erkenntnis, dass der Glaube allein ausreicht, um den Menschen vor Gott gerecht zu machen. In 95 Thesen prangerte er den Handel mit Ablassbriefen an. 1520 wurde er von der katholischen Kirche ausgestoßen. Die heilige Schrift ist die alleinige Quelle des Glaubens, aus der Gläubige seine eigenen Schlüsse ziehen kann. Deshalb übersetzte er die Bibel 1524/34 ins Deutsche.

(unbekannt)

____

Begründer des Christentums, einer der monotheistischen Weltreligion, historisch nicht bewiesene Gestalt. Seine Lehre wurde geschichtlich wirksam als sie in die hellenistische Welt eindrang und von recht- und mittellosen Schichten aufgenommen wurde. Für seine Lehre wurde er ans Kreuz geschlagen und hingerichtet. Nach drei Tagen ist er auferstanden.

(1000-5000 v.u.Z)

____

Iranischer Religionsstifter. Er verkündete den Glauben an Ahura Mazda und das kommende. Endgericht, das Böse und Gute scheidet.
Ein Mazdavertreter hat die Aufgabe mit guten Gedanken, Worten und Taten für die Ausbreitung und den Sieg der guten Welt zu wirken.

(JESUS, LUTHER, MOHAMMED, ZARAUTHUSTRA)

1.Lesen Sie die Angaben über die folgenden religiösen Schriften.
2.Wissen Sie, wie sie heißen? Wenn nicht, machen Sie von angegebenen Informationen Gebrauch.

______________ (gr. „Buch“) — Heilige Schrift des Christentums, Sammlung religiöser Schriften, geschichtlichen dogmatischen, moralischen und poetischen Inhalts, in fest eineinhalb Jahrtausenden entstanden, besteht aus dem Alten Testament und dem Neuen Testament

______________ (ar.“ Lesung“) — Heilige Schrift des Islams, dessen wichtigste Glaubens- und Rechtsgrundlage; gilt als von Allah befindlichen Urschrift. Eingeteilt in 114 Suren (Abschnitte)

______________ pers. („Grundtext“) — Sammlung heiliger Schriften der Parsen, der Anhänger Zarathustras; entstanden im 8-3 Jahrhundert vor unserer Zeitrechnung, geschrieben in einer altiranischen Sprache; nur noch in Bruchstücken erhalten. Die letzte Redaktion stammt aus dem 4. Jahrhundert unserer Zeitrechnung.

______________ sanskrit (“Wissen”) — Eine der vier ältesten religiösen Schriften der Inder: Rig- Weda der Verse;
Sama- Weda der Lieder;
Jadschur- Weda der Sprüche
Atharwa Weda des Hauspriesters

(WEDA, AWESTA, BIBEL, KORAN)

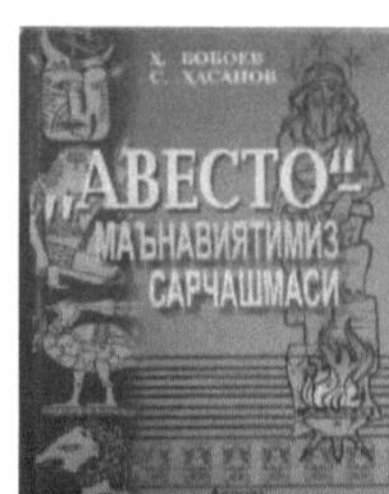

DER ISLAM

Lesen Sie den unten angegebenen Text „Mohammed und Islam“ und versuchen Sie auf folgende Fragen zu antworten.

1. Wann und wo entstand der Islam?
2. Welche Religionsgemeinschaften übten auf ihn den wichtigen aus?
3. Wer war der Stifter des Islams?
4. Wer war Mohammed?
5. Wie verkündete er den Islam?
6. Wie ging die Islamisierung der arabischen Halbinsel?
7. Wie entstand der Koran? Und was steht drin?
8. Welche Territorien hatten Muslims erobert?
9. Wie wurden christliche Gebiete islamisch?
10. Was haben Araber von Indern kennengelernt?
11. Woher kam das deutsche Wort „Ziffer“
12. Wer hat neue Herstellungstechnik des Papiers im 8. Jahrhundert erfunden?
13. Mit welcher Religion hatte Islam immer wieder Konflikte?
14. Wo haben Muslims für Jahrhunderte besonders blühende Kultur geschaffen?
15. Wo leben die meisten Muslims heutzutage?
16. Warum nimmt die Zahl der Muslime ständig zu?

Mohammed und der Islam

Entstanden ist der Islam als letzte der monotheistischen Religionen, wie überhaupt der großen bestehenden Religionsgemeinschaften, im 7. Jahrhundert auf der Arabischen Halbinsel in einem besonderen arabischen Umfeld unter dem Einfluss von Judentum und Christentum. Sein Stifter war der Araber Mohammed. Er wurde um 570 in der kleinen Stadt Mekka geboren, wo auch das altarabische Heiligtum, die Kaaba, stand und lebte, bis er etwa 40 Jahre alt war, als gewöhnlicher Kaufmann. Seit 612 fühlte er sich dazu berufen, die Religion des Islam zu verkünden, die an die Stelle des Polytheismus und der Stammesreligionen den Glauben an einen allmächtigen, strengen und barmherzigen Gott setzte. Anfangs folgten ihm nur wenige Landsleute. In 622 wanderte er in die Oase Medina aus, wo nach und nach eine islamische Gemeinde wuchs, die ihn als ihren geistlichen wie weltlichen Führer anerkannte. Mit politischem Geschick und offenbar großer Ausstrahlungskraft sowie durch zahlreiche Kriegszüge gelang es Mohammed, seinen Einfluss auszudehnen und in 630 die Vaterstadt Mekka einzunehmen. Eine große Zahl der Bewohner der Arabischen Halbinsel schloss sich nun seiner Religion an. 632 starb er in Medina, wo bis heute sein Grab besucht wird.

Nach islamischer Anschauung legte Mohammed nicht seine eigenen Anschauungen dar, sondern sprach in Gottes Namen. Seine als Offenbarungen Gottes verstandenen Äußerungen wurden nach seinem Tod im Koran gesammelt. Mohammeds Leben ist für sie zudem vorbildhaft. Nach 632 begannen arabische Muslims bald ein riesiges Territorium zwischen Mittelasien im Osten und Spanien im Westen zu erobern. Offizielle Religion wurde der Islam und allmählich, doch nicht unter Zwang, nahmen ihn die Bewohner dieser Region an. So wurden zum Beispiel die ehemals christlichen Gebiete in Vorderasien und Nordafrika islamisch. Christen und Juden lebten unter islamischer Herrschaft als rechtlich beschränkte, aber geduldete und nicht verfolgte Minderheiten weiter.

Viele Völker und Angehörige verschiedener Religionsgemeinschaften schufen in Mittelalter die islamische Zivilisation, die älteres Erbe übernahm, miteinander verband und weiterentwickelte. Unter dem Dach des Islams trug sie zum Fortschritt der Menschheit bei. Man hat ihr z.B. die arabischen Zahlen und das Papier zu verdanken. Von Indern lernten Araber das Dezimalstellensystem kennen und wendete es bald an. Entscheidend war dabei die Aufnahme der Null, die arabisch „sifr“ heißt, woher das deutsche Wort „Ziffer“ kommt. Die Technik der Herstellung von Papier aus Lumpen wurde in China erfunden. Chinesische Kriegsgefangene brachten diese Kenntnis im 8.Jahrhundert in den Nahen Osten. Bald entstanden Papiermühlen. Der billige Schreibstoff fand immer mehr Verbreitung. Schließlich kamen die arabischen Zahlen und das Papier mit vielen anderen Erkenntnissen auf wissenschaftlichem und technischem Gebiet nach Europa.

Der Islam dehnte sich sowohl im Zuge militärischer Eroberungen als auch mit friedlichen Mitteln vor allem in Asien und Afrika aus. 1492 mussten die Muslims Spanien verlassen, wo sie für Jahrhunderte eine blühende Kultur geschaffen hatten. Gleichzeitig drang der Islam als Religion des türkischen Osmanen Reichs in Südosteuropa vor. Dabei geriet er immer wieder in Konflikt mit dem Christentum. Diese Gegnerschaft blieb keineswegs auf das geistige Gebiet beschränkt, sondern wurde ein Faktor von Politik und Krieg. Die islamische Gefahr wurde heraufbeschworen. Diese Vergangenheit belastet bis heute das Verhältnis zwischen Christen und Muslims.

Heute ist der Islam mit fast einer Milliarde Anhängern eine Weltreligion. Die meisten Muslime leben in den Entwicklungsländern Asiens und Afrikas, besonders in Südost- und Südasien sowie im Nahen Osten. Da die Bevölkerung dort sehr schnell anwächst, nimmt auch die Zahl der Muslime ständig zu. Denn als Muslim wird man geboren, wenn wenigstens der Vater Muslim ist. Bekehrungen sind aber ebenso möglich. Der Muslim muss seiner Gemeinschaft, der Umma, nicht durch einen besonderen Akt beitreten. Er betrachtet sie zudem nicht nur als religiöse, sondern auch kulturelle Einheit. Wenn er den Islam nicht ausdrücklich ablehnt oder sich zu einer anderen Religion bekennt, was aber sehr selten geschieht und in islamischen Ländern sogar bestraft werden kann, bleibt er Mitglied dieser Umma, auch wenn er selbst den Islam nicht praktiziert und ausgesprochen fromm ist.

(Aus: Religionen unserer Welt, Leipzig 1992, S.130 11)

Steht das im Text? *Ja* oder *Nein*?

a) Der Islam verehrt einen einzigen Gott. ☐

b) Mohammed war nur ein religiöser Führer. ☐

c) Mohammed war kein Prophet. ☐

d) Der Islam ist tolerant gegenüber anderen Religionsgemeinschaften. ☐

e) Der Islam hat viele politische Errungenschaften hervorgebracht, die für die gesamte Menschheit wichtig sind. ☐

f) Das schwierige Verhältnis zwischen Christen und Moslems geht auf politische Auseinandersetzungen im 15-18 J.h. zurück. ☐

g) Der Islam ist missionarisch. ☐

3. Fassen Sie die Hauptinformationen in Stichworten anhand des nachfolgenden Rasters

a. Hauptinformationen:

____

____

____

b. Detailinformationen:

a ____

b ____

c ____

d ____

4. Übersetzen Sie ins Deutsche.
Benutzen Sie dabei den Text.

Ka'ba Muhammad Payg'ambardan burun ham qadimiy arablarning muqaddas maskani edi. Islom ko'pxudolikka emas, balki yolg'iz Ollohga sig'inishga chorlaydi. Muhammad davrida arab yarim orolining katta qismi Islomga qo'shildi. Islomning butun dunyoga tez yoyilishida avvalo Muhammad izdoshlari katta rol o'ynagan bo'lsa, qolaversa, bu dinning bag'rikengligi, irq va millat tanlamasligi, odamlarni boy va kambag'alga ajratmasligi edi. Islom dinining Yevropaga yoyilishi kunbotar yurt xalqlarining moddiy, madaniy va siyosiy hayotida katta ahamizat kashf etdi. Islom orqali g'arb mamlakatlari sharqning matematika, tibbiyot, astronomiya, geografiya sohasidagi ilg'or yutuqlari bilan tanishdi, qog'oz ishlab chiqarish san'atini yuksaltirdi.

5. Bilden Sie mit folgenden Antonymen und Synonymen Sätze!

Antonyme	Synonyme
die Oase – das Tal	einnehmen – besitzen
der Atheist – der Gläubige	barmherzig – tolerant
schaffen – vernichten	dulden – aushalten
monotheistisch – polytheistisch	der Anhänger – der Fan
streng – mild	der Fortschritt – der Progress

Islam im Ausland

1. Stellen Sie sich vor, Sie stehen mit Ihren Gästen aus einem deutschsprachigen Land vor einer Moschee.

2. Nutzen Sie die Skizze, um sich auf Ihre kurze Erklärung vorzubereiten, machen Sie sich dabei Notizen.

0. **Eingang Beim Betreten der Moschee sind die Schuhe auszuziehen.**
1. **Minarett. Von hier wird fünfmal täglich zum Gebet gerufen, heute meist über Lautsprecher.**
2. **Hof mit Wasserbecken, wo man sich vor dem Gebet waschen muss.**
3. **Gebetsraum, überdacht und mit Teppichen ausgelegt.**
4. **Gebetsnische, die nach Mekka ausgerichtet ist. Der Betende steht mit dem Gesicht dazu.**
5. **Kanzel, von der am Freitagnachmittag die Predigt gehalten wird.**

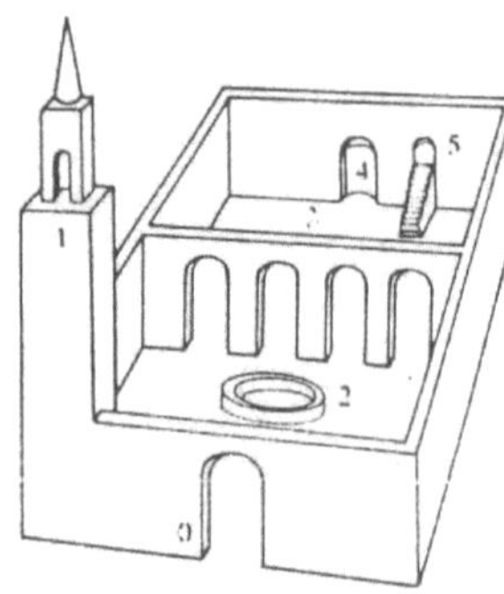

3.Der Koran zur Frömmigkeit.
4.Sagen Sie mit eigenen Worten, wann ist jemand wirklich fromm/gläubig?
5.Lesen Sie die Sure.

Frömmigkeit ist nicht, dass ihr euer Gesicht nach Osten oder Westen wendet. Frömmigkeit ist, dass man an Gott, den jüngsten Tag, die Engel, das Buch und die Propheten glaubt, dass man aus Liebe zu Gott den Verwandten, den Waisen, dem Bedürftigen, dem Reisenden und den Bettlern Geld zukommen lässt und es für den Loskauf von Sklaven und Kriegsgefangenen ausgibt und dass man das Gebet verrichtet und die Almosenabgabe entrichtet. (Fromme sind) die, die ihre eingegangenen Verpflichtungen erfüllen, und die, die in Not und Drangsal und zur Zeit des Unheils geduldig sind. Sie sind wahrhaftig. Sie sind gottesfürchtig."
Koran Sure (Abschnitt) 2, Vers 177

Im Folgenden ist die Erklärung zur angegebenen Sure gebracht:

Dieser Koran Vers verlangt die Einheit von Glauben und moralischem Verhalten, keine sinnlosen Gebärden. Zum Glauben gehören u.a. der jüngste Tag, an dem am Ende der Welt alle durch Gott gerichtet werden, das Buch nämlich der Koran, die Propheten, die von Gott mit Botschaften an die Menschen beauftragten Personen, deren Kette bei Adam, dem ersten Menschen beginnt und bei Mohammed endet. Zur Entstehungszeit gab es Sklaverei, die in einigen Ländern Afrikas und Asiens erst vor wenigen Jahrzehnten abgeschafft worden ist.

Bausteine vom Islam

1. **Der Islam gründet sich auf fünf Fundamente: IYMON; NAMOZ: ROZA: ZAKOT:**
   Unten sind ihre deutschen Variante genannt.
   Erklären Sie Ihren Gästen mindestens zwei oder mehr davon genauer.

>>Das Aussprechen des Glaubensbekenntnisses
>>das tägliche fünfmalige Gebet
>>das Fasten im Monat Ramadan
>>das Almosengeben
>>die Wahlfahrt nach Mekka

2.Üben Sie zu zweit.

Nach welchen Autoritäten des Islams könnten „Fremde" fragen?
(Der Islam ist keine Kirche. Priesterstand und theologische Rangordnung sind ihm fremd, aber es gibt Autoritäten.)

3.Formulieren Sie die Fragen und geben Sie ausführlichere Antworten.

IMAM> leitet den Gottesdienst in der Moschee; in Glaube und Gesetz wohlunterrichtet
MULLAH> Rechtskundiger, Berater für iranische und indische Muslime;
MUFTI> Rechtsgelehrter; trifft in strittigen Fragen des muslimischen Glaubens und Lebens Entscheidungen;
AJOTOLLAH> höchster schiitischer Würdenträger im Iran;
MUNOFIQ> Heuchler, der die Religion oberflächlich annimmt und nur in seiner Rede mit der Religion einverstanden ist;
KOFIR> Ungläubiger, der die Existenz/das Dasein von Gott nicht akzeptiert und auf die vom Prophet weitergeleiteten Nachrichten verzichtet;
MURTAD> die Person/der Mensch die/der vom Islam zurückgetreten ist;
SHAYTON> Teufel, der Führer der bösen Geister, der zu den Sünden zu führen versucht;

SHAYX- Scheich, (arab. „Ältester") der, urspr. das Oberhaupt eines arabischen Stammesverbandes; seit dem 13. Jahrhunderts auch Titel des geistlichen und weltlichen Oberhaupts einer religiösen Bruderschaft; wurde später zum Ehrentitel der islamischen Geistlichen u. a. Personen mit theologischer Bildung; ihn führen auch die arabischen Dorfältesten und die Oberhäupter eines islamischen Herrschaftsgebiets (Scheichtum).

RAMADAN

VERSTÖßE

(Das Fasten bricht u.a.: Essen und Trinken, absichtliches Erbrechen, beabsichtigter Samenguß, geschlechtliches Sichnahekommen, Flüche, Lüge.)

BEGINN DES FASTENS

(Zeit vor dem Tagesanbruch, in der man wegen der Dunkelheit schwarzen und weißen Faden von einander nicht unterscheiden kann.)

ENDE DES FASTENS

(Zeit, in der die Sonne unter dem westlichen Horizont völlig verschwindet.)

FASTENMONAT

Der Fastenmonat der Mohammedaner, der neunte Monat des islamischen Kalenders, der auf der Mondumlaufbahn beruht.

AUSNAHMEN

(Ausgenommen von der Fastenverpflichtung sind: Kinder (Mädchen bis 9, Jungen bis 12, Lebensjahr), Kranke und gebrechliche Alte.

KEIN PROBLEM

Unproblematisch gegen Fasten ist Zähneputzen, Duschen, angetrocknete Lippen anzufeuchten, lebensnotwendige Medikamente einzunehmen.

FASTEN DÜRFEN UNTERBRECHEN

(Keisende, Schwangere, Stillende und Frauen während der Menstruation. Die Tage sind möglichst nachzuholen. Personen die besonders schwere körperliche Arbeit verrichten, aber z. B. auch Piloten und Busfahrer. Sie müssen dafür einen Armen ernähren.)

a) Was bedeutet Ramadan? Informieren Sie sich.
b) Üben Sie zu zweit.
c) Was könnten deutsche Touristen einen usbekischen Fremdenführer zu diesem Thema fragen?
d) Erarbeiten Sie auch die Antworten.
e) Spielen Sie ein Gespräch vor der Gruppe bzw. mit der Gruppe.

1. **Meinungen zum Ramadan.**

2. **Weshalb sind die Personen begeisterte Fastenden, weshalb sind sie wenig oder gar nicht motiviert?**

3. **Ergänzen Sie Ihre eigene Meinung. Diskutieren Sie**

DER SPASS AM RAMADAN!
(Fastenmonat ist für die einen die Zeit religiöser Besinnung, für die anderen ein sinnfrohes Familienfest)

ILKNUR (16)
Gerne würde ich mitfasten, aber elf Stunden ohne Essen, das ist mir zu viel. Ich kriege Kopfschmerzen und schaue ständig auf die Uhr.

HECAN (18)
Am schlimmsten finde ich, dass man während der Fastenzeit nicht an Mädchen denken darf, nicht lügen soll und keine schlechten Ausdrücke verwenden darf.

HECAN (18)
Eigentlich mache ich nur mit, weil ich ein paar Kilo abnehmen möchte.

EMINE (17)
Das Familienleben ändert sich. Verwandte kommen am Abend vorbei. Es wird stundenlang gegessen. Ich nehme jedes Jahr während des Ramadan ein paar Kilo zu.

ÖMER (25)
Der Ramadan ist etwas Soziales. Jeder bekommt durch das Fasten mit, wie es den Armen ergeht.

SEFIK R.
Ich arbeite achtzehn Stunden am Tag, da muss ich dann auch etwas essen. Fasten ist eine Strafe für Körper.

HALIM ÖZKAL (22)
Früher bin ich öfter in die Diskotheken gegangen. Aber was habe ich dort gesehen? Nur Menschen, die Wert auf das Geld legen und Jugendliche, die irgendwelchen Mist bauen.

MOHAMMED HERZOG
Nicht Muslime sind gegenüber den Fastenden sehr viel toleranter als nicht fastende Muslime. Die Kollegen an meinem früheren Arbeitsplatz boten mir sogar an, während des Fastens nicht in meiner Anwesenheit zu rauchen.

IMAM MEHMED EROL
Warum in diesem Jahr mehr Jugendliche als in der Vergangenheit fasten? – Es wird nicht wirklich mehr gefastet. Aber im Winter macht der Ramadan mehr Spass, die Tage sind kürzer, die Nächte länger.

(gekürzt und adaptiert Wochenpost N6, 1996)

Erarbeiten Sie die Bedeutung der Halbpräfixe über-, um-, wider-, nach dem Duden-Wörterbuch, erläutern Sie die Bedeutung der Halbpräfixe.

1. Jeder zweite Hauptschulschüler kommt aus einer moslemischen Familie, deshalb müssen die Lehrpläne umgestellt werden.
2. Sinn des Verzichts:“ Übertreibung beim Essen, Trinken, Rauchen und in den sexuellen Beziehungen lassen einen zum Sklaven der eigenen Leidenschaften und Gewohnheiten werden“.
3. Vor zwei Jahren ist der Neukölner zum Islam übergetreten. Gleichzeitig hat er sich eine türkische Identität übergestülpt.
4. Er versuchte, langsam und widerstrebend seine Gedanken in Worte zu fassen.
5. Beim Bau dieser Kirche ist ein Kran umgestürzt, glücklicherweise war niemand von Bauleuten unter ihm.

3.Erklären Sie die Bedeutung folgender Wörter mit Halbpräfixen und übersetzen Sie in Ihre Muttersprache.

Widerhall-widerhallen,
Widerklang-widerklingen,
Widerlegung-unwiderleglich,
Widerrede-widerreden,
Widerruf-widerrufen,
Widerschein-widerscheinen,
Widersinn-widersinnig,
Widerspiegelung-widerspiegeln,
Widerspruch-widersprechen,
Widerstand-widerstehen;

wider: *1. drückt ein Entgegenwirken aus;*

2. drückt die Reflexion, Rückstrahlung bei einer akustischen, optischen Erscheinung aus;

1. **Lesen Sie den folgenden Text und fassen Sie kurz in Ihrer Muttersprache zusammen, worin die wesentliche Hilfe der Pille beim Ramadan besteht.**

MIT DER PILLE DURCH RAMADAN

Nachts glitzert und blinkt es in Kairos Straßen. Überall wird bis in den frühen Morgen gefeiert. Die Tische biegen sich unter den Köstlichkeiten. Tagsüber schleppen sich die Menschen mürrisch und mit leeren Mägen für einige Stunden pro forma zur Arbeit.

Kurz: Es ist Ramadan, der islamische Fastenmonat.

Mit steigender Religiosität wuchs in den letzten Jahren auch der Eifer, besonders hingebungsvoll zu fasten. Frauen bilden dabei keine Ausnahme und das, obwohl sie zeitweise aus dem kollektiven Fastenerlebnis ausgeschlossen bleiben. Laut islamischen Regeln sind sie während der Menstruation von religiösen Pflichten, also auch dem Fasten freigestellt. Auch beim gemeinschaftlichen Fasten und allabendlichen Fastenbrechen fühlen sich einige der gottesfürchtigen Frauen diskriminiert. Um es den Männern im einmonatigen Fasten gleichzutun, kamen sie auf die Idee mit der Pille. Denn ein, zwei Monate geschluckt, führt das zur hormonellen Gleichschaltung. Die Periode bleibt aus. Niemand kann mehr als unfit oder gar unrein betrachtet werden.

„Ich kann nicht drei bis fünf Tage des Fastens verpassen. Das sind 30 einzigartige und heilige Tage im Jahr, in denen ich den Koran lese und bete. Die Pille ist für mich eine große Errungenschaft“, sagt eine Frau gegenüber einer ägyptischen Zeitung freimütig.

„Ich arbeite und faste den ganzen Ramadan und möchte auf allen Ebenen gleich behandelt werden wie die Männer“, erklärt eine andere Ägypterin selbstbewusst.

Die männlichen Professoren des Fatwa-Komites der Azhar-Universität, wie Abdel Motagalli Khalifa, segnen den neuen Trend ab. Antibabypillen seien Halal-islamisch erlaubt -, sagt er, solange sich hinter ihrer Einnahme eine gute Arbeit verberge. Nur einige Gynäkologen wollen nicht mitziehen und warnen vor Gesundheitsschäden.

(Karim EL-Gawhary die Tageszeitung 1996)

2. Zerlegen Sie die folgenden Komposita in Ihre Hauptkomponenten, Setzen Sie den richtigen Artikel ein und ordnen Sie sie den unten aufgeführten Kategorien zu. Übersetzen Sie sie in Ihre Muttersprache.

1. Adjektiv	+	Substantiv	=	Kompositum
2. Verb	+	Substantiv	=	Kompositum
3. Adjektiv	+	Adjektiv	=	Kompositum
4. Präposition	+	Substantiv	=	Kompositum
5. Substantiv	+	Substantiv	=	Kompositum
6. Substantiv	+	Verb	=	Kompositum
7. Substantiv	+	Adjektiv	=	Kompositum
8. Adjektiv	+	Verb	=	Kompositum
9. Numerale	+	Adjektiv	=	Kompositum
10. Pronomen	+	Adjektiv	=	Kompositum
11. Präposition	+	Verb	=	Kompositum

Artikel	Kompositum	Kategorie	Entsprechung in der Muttersprache
die	Hausaufgabe	5	*uy vazifasi*
______	Fastenmonat	________	______________________________
______	Fastenerlebnis	________	______________________________
______	Fastenbrechen	________	______________________________
______	Gleichschaltung	________	______________________________
______	Fatwa-Komitee	________	______________________________
______	hingebungsvoll	________	______________________________
______	zeitweise	________	______________________________
______	freistellen	________	______________________________
______	allabendlich	________	______________________________
______	einmonatig	________	______________________________
______	gleichtun	________	______________________________
______	einzigartig	________	______________________________
______	selbstbewusst	________	______________________________
______	mitziehen	________	______________________________

Um eine Entwicklung in ihrer Tendenz auszudrücken, benutzt man häufig das Partizip1 der folgenden Verben:

abnehmen – zunehmen
sinken – wachsen, steigen
nachlassen – steigen
fallen – steigen

3.Bilden Sie bitte zwei Beispiele für jedes oben angegebene Verb.

z.B. Mit steigender Religiosität wuchs in den letzten Jahren auch der Eifer, besonders hingebungsvoll zu fasten.

4.Nehmen Sie zu den beiden Redensarten Stellung.

Voller Bauch lobt Fasten
Ein guter Esser ist ein schlechter Fastender.

5.Sammeln Sie weitere Redensarten (Sprichwörter, Sprüche) zum Thema Ramadan/Fasten, sowohl auf Deutsch als auch in Ihrer Muttersprache. Benutzen Sie dabei Nachschlagewerke.

Die Quellen des Islam

>>Sunna

1.Erläutern Sie anhand der Stichwörter die Bedeutung der Sunna.

Quelle des Islams; enthält Äußerungen und Handlungen Mohammeds und seiner Gefährten; überliefert in kurzen Geschichten und Aussprüchen, auch allgemeine Weisheiten; große Sammlungen; durch Sunna wird Koran ergänzt und erläutert.

3. Sammeln Sie nun Schlüsselwörter zum Koran. Erläutern Sie analog die Bedeutung des Koran.

4. Lesen Sie Aussprüche. Welche Sunna Aussprüche sind für Sie zu beachten? und welche würden Sie gern weitergeben?

>>Der gehört nicht zu uns, der sich der Kleinen unter uns nicht erbarmt und die Alten nicht ehrt.
>>Jeder von euch ist wie ein Hirte, und er wird nach dem Wohlergehen seiner Herde befragt werden.
>>Der Muslim ist des Muslims Bruder. Er behandelt ihn nicht ungerecht und weist ihn nicht zurück. Wer seinem Bruder in der Not beisteht, dem steht Gott in seiner Not bei.
>>Den vollkommensten Glauben zeigen jene, die zu ihren Familien am freundlichsten sind.

(Zitiert nach: Ethik, hg.v. K-H. Gehlhaar, Bd.2. Militzke Verlag, Leipzig 1995, S. 133.)

6. Fügen Sie Aussprüche hinzu, die Ihnen persönlich etwas bedeuten? Warum? Erzählen Sie.

-Auf welche Reaktionen könnten die Äußerungen auch bei Nicht-Muslimen treffen? (Interesse? -Sympathie? -Ablehnung? -Unverständnis? -...)

-Was macht Ihrer Meinung nach den islamischen Glauben glaubenswert?

-Diskutieren Sie. Tragen Sie Argumente zusammen.

-Und wie sieht es in Deutschland aus?

7. Lesen Sie den Text. Notieren Sie sie die Zahlenangaben aus dem Text und rekonstruieren Sie anschließend anhand der Zahlen den Inhalt.

Muslime in Deutschland.

-In der Bundesrepublik leben rund 2,7 Millionen Muslime. Damit ist der Islam in Deutschland nach dem Christentum die zweitgrößte Religionsgemeinschaft. 76 Prozent der Muslime kommen aus der Türkei. Die zweitgrößte Nationalitätsgruppe ist mit 4,5 Prozent deutsche Staatsbürger. Dann folgen

Iraner (4 Prozent),
Marokkaner (3 Prozent),
Libanesen (2 Prozent) und
Pakistani (1 Prozent).

8.Sehen Sie die Landkarte und informieren Sie sich über die Verbreitung des Islam in der Welt.

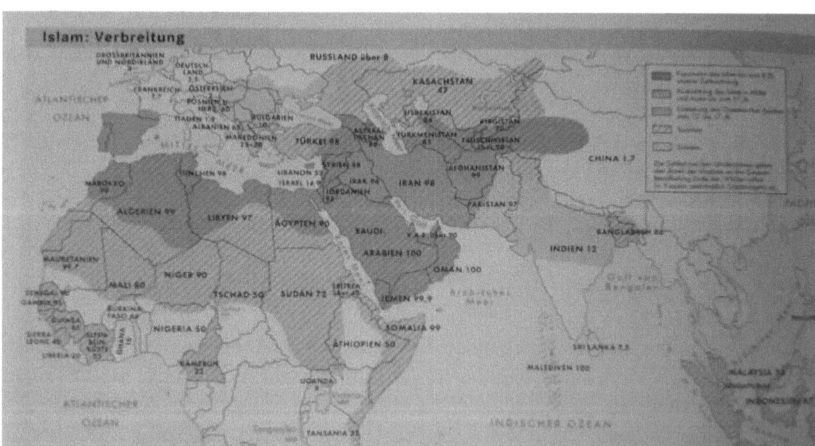

9.Arbeiten Sie in kleinen Gruppen. Lesen Sie die Zeitungsabschnitte 1 bis 6. Tragen Sie die Gründe zusammen, warum Deutsche zum Islam konvertierten.

WARUM IMMER MEHR DEUTSCHE ZUM ISLAM KONVERTIEREN

(Von Adelbert Reif, „die Welt“ 24.02.96)

①

Als am 11. Dezember 1995 Bundespräsident Roman Herzog in seinem Berliner Amtssitz Schloß Bellevue erstmals Repräsentanten von muslimischen Organisationen aus Deutschland zu einem ausführlichen Gespräch empfing, war dies nicht nur ein wichtiger Schritt auf dem Weg zur interkulturellen Verständigung. Vielmehr unterstrich das Treffen die Bedeutung, die das Staatsoberhaupt dem Islam als zweitgrößter Religionsgemeinschaft nach den beiden christlichen Kirchen hierzulande beimißt. Immerhin leben in der Bundesrepublik rund 2,7 Millionen Muslime, von denen sich nahezu 1,4 Millionen als religiös praktizierend bezeichnen. Etwa 60 000 Muslime haben einen deutschen Paß. Im Anstieg begriffen ist auch die Zahl der deutschen Konvertiten zum Islam: Sie wird auf 10 000 geschätzt, und jedes Jahr kommen 2000 hinzu.

Bemerkenswert ist die Anziehungskraft, die der Islam besonders auf Akademiker und Frauen ausübt, wobei Architekten, Ingenieure, Ärzte, Islamologen, Diplomaten und Experten jeder Art die Spitze bilden. Aber auch Montagearbeiter, die von ihren Unternehmen über längere Zeit in islamischen Ländern eingesetzt waren, finden sich unter den Konvertiten.

②

"Ich konnte nicht verstehen, dass ein Säugling bereits mit der Erbsünde geboren sein sollte. Die Dreieinigkeit: Gott, Sohn und Heiliger Geist war mir nicht einleuchtend", beschreibt ein deutscher Konvertit den Ausgangspunkt seiner Suche. Auf ähnliche Weise argumentiert der Arzt Mahmud W., der mit 73 Jahren zum Islam übertrat: "Jesus war für mich ein Mensch wie wir alle, doch von Gott dazu ausersehen, als sein Prophet der Menschheit das Sein eines einzigen Schöpfer und Erhalters zu verkünden und sie zur Erkenntnis und Befolgung der von Ihm vorgeschriebenen Lebensweise aufzurufen. Dementsprechend war es mir unmöglich, an eine "Dreieinigkeit" von Gott Vater, Gott Sohn und Gott Heiliger Geist zu glauben."

③

"Christian H. Hoffman wiederum war vom Christentum nicht enttäuscht – er hatte sich noch nie in ihm heimisch gefühlt: "Vieles der christlichen Botschaft hatte weder mein Herz noch meinen Verstand erreicht", bekennt er. "Und als ich die zentralen Aussagen des Islam kennenlernte – ein einziger Gott, Jesus ist Prophet, keine Erbsünde, keine institutionalisierte Kirche – da waren mit einem Schlag alle Probleme, die ich mit dem Christentum hatte, gelöst."

④

Im Gegensatz zur christlichen Dogmatik ist das Gottesbild des Islam wesentlich einfacher und eindeutiger. "Es gibt im Islam kein Dogma, das vom Menschen verlangt, etwas zu glauben, was seine Glaubensfähigkeit übersteigt", erklärt Mohammad Aman Hobohm. "Man kann an Gott glauben, ohne seine Vernunft zu vergewaltigen."

⑤

Mohammad Aman Hobohm, der seit Ende der 50er Jahre als Diplomat an Deutschen Botschaften in der islamischen Welt sowie als Leiter des Goethe-Instituts in Bandung tätig war, fühlte sich bereits als Jugendlicher 1939 zum Islam berufen. Als auslösendes Moment nennt er den "jugendlicher Impuls, der sicher auch etwas zu tun hatte mit Fernweh, das zur damaligen Zeit nicht gestillt werden konnte". "Gott leitet, wenn er mag", heißt es im Koran, und ein Mensch legt das Bekenntnis zum Islam ab, weil Gott ihm "Die Brust für den Islam geweitet hat." Die rationale Bestätigung für den Übertritt zum Islam erfolgt meist erst aus der Rückschau. Und da läst sich bei einem großen Teil der Konvertiten eine Ratlosigkeit gegenüber den christlichen Dogmen ausmachen.

⑥

Murad Wilfried Hofmann, ebenfalls ein hochrangiger deutscher Diplomat – er war unter anderem Botschafter der Bundesrepublik in Algerien und Marokko und konvertierte 1980 -, nennt den Islam "die plausibelste, weil mysterienfreieste und rationalste Religion" und den Muslim "den emanzipiertesten, von Sakramente, Priestern und Heiligen völlig unabhängigen Gläubigen".

Verbunden mit dem Wunsch, rational und ohne Zweifel an einen Gott glauben zu können, ist vielfach auch die Suche nach einem festen, sinnstiftenden Wertekodex, wie ihn das Christentum, zumindest in seiner kirchlichen Präsenz, heutzutage offenbar nicht mehr zu vermitteln imstande ist. Murad Wilfried Hofmann charakterisiert, solche aus einer Protesthaltung gegen die Entgleisungen und Leerräume der modernen Industriegesellschaft heraus vollzogenen Konversionen als "den grünen Weg". Er führt über eine Kulturkritik "von der Vereinsamung des, autonomen' Individuums bis zur strukturellen Suchtanfälligkeit der postmodernen Gesellschaft". So finden Konvertiten im Islam häufig genau jene Wärme und Solidarität, die das Christentum als "Religion der Liebe" zwar postuliert, aber in der Praxis weitgehend hinter sich gelassen hat.

Bei einer ersten Begegnung mit dem Islam trifft man viele unbekannte Begriffe. Stellen Sie sich Ihr eigenes kleines Wörterbuch zusammen, in dem Sie in deutscher Sprache Begriffserklärungen vornehmen, zum Beispiel zu RAMADAN, UMMA, SURE, KORAN, SCHARIA...

Christentum

1. **Bevor Sie mit der Lektüre des Textes anfangen, schlagen wir Ihnen vor, sich mit den folgenden Vokabeln vertraut zu machen:**

Die Konstante, -, n – konstant, o'zgarmas jins, jism, matematikada o'zgarmas qoldiq.
der Monotheismus -, (ohne Plural) - yakka xudolik
das Bekenntnis, - ses, -se – e'tirof etish
die Erlösung,-, -en – xalos bo'lish
der Apostel, -s, - havoriy
die Predigt,-, -en – va'z
die Apokalyptik-oxir zamon
der Täufer- cho'qintiruvchi
die Radikalität, -, (kein Plural) - radikallik
die Neuzeit,-, (ohne Plural) - yangi davr, 1500-yildan keyingi davr
die Dezimierung –, - en - kamayish
Ozeanien- okeaniya

Christentum für die Gesamtheit der Anhänger des auf Jesus Christus zurückgehenden „christl." Glaubens sowie für diesen Glauben selbst. Von den Anfängen des Christentums an gibt es Konstanten: den Monotheismus, das Bekenntnis zu Jesus Christus, die Nachfolge Jesu und eine aus ihr resultierende Gemeinschaft, einige zeichenhafte Vollzüge, die Hoffnung auf eine ohne Vorbedingungen geschenkte Erlösung. Seit einer Entstehung begreift das C. Jesus als von Gott gesandt.

Entstehung und Verbreitung

Als sicher gilt heute, dass der historische Jesus weder eine neue Religion noch eine universale Kirche gründen wollte. Vielmehr verstand er sich als Reformer Israels, auf dessen 12 Stämme er mit der Berufung von 12 Aposteln Anspruch erhob. Jesus war zwar in allem, was er tat und lehrte, jüdisch geprägt, aber er hat die aus der jüdischen Tradition übernommenen Motive in seiner Predigt so verändert und zugespitzt, dass es sich dabei der Sache nach nicht mehr um Judentum handelte: Er verkündete-entsprechend der jüdischen Apokalyptik und im Gefolge der Predigt Johannes des Täufers-die Königsherrschaft Gottes; diese aber war nach seinen Worten in ihm schon angebrochen, das Ende hatte schon begonnen. Jesus selbst verstand sich deswegen nicht als einen der gottgesandten Männer oder Propheten in einer endlosen Kette, vielmehr sollte er diese Reihe abschließen und in seiner Person das Ende herbeiführen. Dieser Anspruch, die "endzeitliche" Gestalt zu sein, äußerte sich in der Radikalität der Nachfolgeansprüche in der Souveränität gegenüber Gesetz und Tempel in dem besonderen Gottesverhältnis, in der Freiheit der Tradition gegenüber, in seiner Bereitschaft zum Tod. Der geschichtliche Jesus hat zwar ganz aus dem Judentum kommend, dieses aber derart auf den Menschen und die Humanität hin vertieft und zugleich seiner eigenen Gestalt für diese neue Praxis eine so unverzichtbare Rolle zugeschrieben, dass die auch geistige und soziale Trennung vom Judentum und die Ausbildung einer eigenständigen Religion wenige Jahre nach seinem Tod zwangsläufig erscheinen.

Mit Beginn der Neuzeit erstmals geriet die ganze Erde in den Blick Europas und des C., das nun in anderen Kontinenten Fuß fasste. Dieser

Progress ging einher mit negativen Begleiterscheinungen: Lange Zeit war die Mission Sache der Kolonialmächte; in Amerika und Australien war die Christianisierung mit der Dezimierung der einheimischen Bevölkerung verbunden und auch in Afrika und Asien wurde das C. in seiner durch die europäische Kultur geprägten Form etabliert. Im Ergebnis dieser systematischen Mission gibt es in Schwarzafrika einige Länder mit christl. Bevölkerungsmehrheiten, in den meisten Staaten Asien ist nur ein Land (Philippinen) mehrheitlich christlich, aber auch hier finden sich in beinahe allen Staaten kleine, aber aktive christliche Kirchen. Die Inselwelt Ozeaniens ist fast gänzlich christianisiert.

Hier ist ein kurzer Überblick über Christentum

Christentum

Zahl der Christen weltweit

(Anfang 2000)

Rd. 1990 Mio.

Davon in:

Europa (rd. 536,8 Mio.)

Lateinamerika (rd. 475,6 Mio.)

Nordamerika (rd. 212,2 Mio.)

Afrika (rd. 335.1 Mio.)

Asien (rd. 307,3 Mio.)

Australien und Ozeanien (rd. 21,4 Mio.)

Dazu weltweit:

Rd. 111,1 Mio. Anhänger von unabhängigen, oft pfingstlich geprägten Kirchen.

Hauptzweige

Katholische Kirche

Protestantische Kirche

Orthodoxe Kirche

Orientalische Kirchen	Tag des heiligen Grigor, des Erleuchters (dritter Sonnabend vor Ostern; armenische Kirche)
Anglikanische Kirchengemeinschaft	Tag des heiligen Patrick (katholische Kirche und Kirche von England)
Unabhängige Kirchen	
Hauptfeste (gesamtchristlich)	**Heilige Städte**(gesamtchristlich)
Weihnachten	Bethlehem
Karfreitag	Nazareth
Ostern	Jerusalem
Christi Himmelfahrt	**Wichtige Wahlfahrtsorte, geistliche Zentren und Erinnerungsstädten** (Auswahl)
Pfingsten	
Wichtige Festen (Auswahl)	Rom (Katholische Kirche)
Fronleichnam (katholische Kirche)	Santiago de Compostela (katholische Kirche)
Mariä Himmelfahrt (katholische Kirche)	Wittenberg (protestantische Kirche)
Allerheiligen (katholische Kirche)	Athos (orthodoxe Kirche)
Reformationsfest (protestant.) Kirchen	Patmos (Johanneskloster) (orthodoxe Kirche)
Entschlafen des Gottesgebärerin Maria (orthodoxe Kirche)	Sinai (Katharinkloster) (orthodoxe Kirche)
Kreuzerhöhungsfest (orthodoxe Kirche)	

1.Stellen Sie fest, ob Muslime die zehn biblischen Gebote für sich annehmen könnten.

DIE ZEHN GEBOTE

DAS ERSTE GEBOT

Ich bin der Herr dein Gott. Du ſollſt nicht andere Götter haben neben mir.

DAS ZWEITE GEBOT

Du ſollſt den Namen des Herrn, deines Gottes nicht unnützlich führen; denn der Herr wird den nicht ungeſtraft laſſen, der ſeinen Namen mißbraucht.

DAS DRITTE GEBOT

Du ſollſt den Feiertag heiligen.

DAS VIERTE GEBOT

Du ſollſt deinen Vater und deine Mutter ehren, auf daß dirs wohl gehe und du lange lebeſt auf Erden.

DAS FÜNFTE GEBOT

Du ſollſt nicht töten.

DAS SECHSTE GEBOT

Du ſollſt nicht ehebrechen.

DAS SIEBENTE GEBOT

Du ſollſt nicht ſtehlen.

DAS ACHTE GEBOT

Du ſollſt nicht falſch Zeugnis reden wider deinen Nächſten.

DAS NEUNTE GEBOT

Du ſollſt nicht begehren deines Nächſten Haus.

DAS ZEHNTE GEBOT

Du ſollſt nicht begehren deines Nächſten Weib, Knecht, Magd, Vieh oder alles was ſein iſt.

J. J. Weber Leipzig M 307 / D 111

2. Wie stehen Sie zu den klassischen moralischen Prinzipien?

3.Welche stehen im Vordergrund, welche sind nicht so wichtig?

1.Paraphrasieren Sie folgende Gebote:

a) DU SOLLST NICHT TÖTEN

b) DU SOLLST NICHT STEHLEN

2. Formulieren Sie den Satz!

„ICH BIN DER HERR DEIN GOTT. DU SOLLST NICHT ANDERE GÖTTER HABEN NEBEN MIR".

a) unter Verwendung der Präposition (hinter, über, gegenüber)
b) unter Verwendung der Konjunktion (deshalb, darum, folglich)
c) unter Verwendung der Vereinigungswörter (kein, nie, niemals)

3.Übersetzen Sie folgende Sätze in Ihre Muttersprache.

1. Du sollst deinen Vater und deine Mutter ehren, auf, dass dir's wohl gehe und du lange lebest auf Erden.
2. Du sollst nicht begehren deines nächsten Weibs, Knecht, Magd, Vieh oder alles, was sein muss.
3. Du sollst den Namen des Herren, deines Gottes, nicht unnützlich führen, denn der Herr wird den nicht ungestraft lassen, der seinen Namen missbraucht.

4.Erläutern Sie die Bedeutung des Verbs SOLLEN in den folgenden Sätzen.

1. Der alte Esel Schnitt eine Menge Grimassen, von denen jede bedeuten sollte, dass er sehr trübe in meine Zukunft sehe.
2. Sie ermahnte mich immer, dass ich nicht Nägel beißen soll und eine gute Aussprache habe.
3. Und sie sollte ihr Sacktuch in der Hand tragen und an den Mund führen, wenn es ihr recht wäre.

(Reclam, "Lausbubengeschichten")

EXPERIMENT „ELF GEBOTE“

(Nach Vopel, Klaus, Interaktionsspiele für Jugendliche, Teil 1)
Wie stehen Sie zu den klassischen moralischen Prinzipien?
Welche stn im Vordergrund, welche sind nicht so wichtig?

ELF GEBOTE

1. Bitte bringen Sie die Gebote in die Reihenfolge, die Ihrer persönlichen Überzeugung entspricht. Notieren Sie in den Klammern am Ende der Zeilen, welche Position dieses Gebot haben soll.

1. Ich bin der Herr, dein Gott. Du sollst nicht andere Götter haben neben mir.
2. Du sollst den Namen des Herrn, deines Gottes, nicht unnützlich führen, denn der Herr wird den nicht ungestraft lassen, der seinen Namen missbraucht.
3. Du sollst den Feiertag heiligen.
4. Du sollst deinen Vater und deine Mutter ehren, auf das dir´s wohl gehe und du lange lebest auf Erden.
5. Du sollst nicht töten.
6. Du sollst nicht Ehebrechen.
7. Du sollst nicht stehlen.
8. Du sollst nicht falsch Zeugnis reden wider deinen Nächsten.
9. Du sollst nicht begehren deines Nächsten Haus.
10. Du sollst nicht begehren deines Nächsten Weib, Knecht, Magd, Vieh
oder alles, was sein ist.

1. Bitte überprüfen Sie, ob irgendein für Sie wichtiger Grundsatz in den zehn Geboten fehlt. Wenn das der Fall ist, fügen Sie diesen Grundsatz als 11. Gebot hinzu:

11. ____

3. Begründen Sie die von Ihnen gewählte neue Reihenfolge der biblischen Gebote ganz kurz. Erläutern Sie insbesondere Ihre Entscheidung für das Ihnen wichtigste Gebot.

____
____
____

1. **Informieren Sie sich in dem folgenden Text über den christlichen Glauben und über die wichtigsten Dienste von Jesus.**
2. **Notieren Sie Zwischenüberschriften. Was wussten Sie schon? Was ist neu? Was müsste im Rahmen der Allgemeinbildung ergänzt werden?**
3. **Verteilen Sie die Unternehmen in der Gruppe. Geben Sie dazu jeweils Zusammenfassungen.**
4. **Versuchen Sie ihn sorgfältig in Ihre Muttersprache zu übersetzen.**
5. **Schreiben Sie eine Nacherzählung ohne direkte Hilfe des Textes.**

Jesus lehrte einen neuen Glauben und ein neues Leben

Am Ende des 1. Jahrhunderts fasste ein christlicher Prophet, der während der Christenverfolgung unter Kaiser Domitian (regierte 81-96) auf die Insel Patmos verbannt wurde, seine Sicht auf die Wirkung Jesu in einer Vision zusammen: „Ich sah einen neuen Himmel und eine neue Erde. Jetzt wohnt Gott bei den Menschen. Er wird alle ihre Tränen abwischen. Es wird keinen Tod mehr geben und keine Traurigkeit, keine Klage und keine Quälerei“. (Offenbarung 21,1.3.4)

Mindestens 60 Jahre nach der Kreuzigung des Mannes aus Galiläa sind diese Sätze geschrieben worden. Sie bezeugen einen unerschütterlichen Glauben an Jesus. Darin sind noch Spuren der Hoffnungen und Wünsche erkennbar, die das jüdische Volk zur Lebenszeit Jesu besaß. Seit einem Jahrhundert lebten sie unter fremder Herrschaft. Auch wenn die Beamten und Soldaten der römischen Besatzungsmacht die Besonderheiten der Juden vor allem die religiösen teilweise respektierten, so kam es doch immer wieder zu Spannungen und Zusammenstößen. Das jüdische Volk erwartete einen von Gott gesandten Retter, den Messias (aramäisch/griechisch, der Gesalbte; Könige wurden bei ihrer Machtübernahme zum Zeichen ihrer Würde mit Öl gesalbt). Dieser Retter sollte Priester und Prophet des Gottes Jahwe sein, aber auch politischer Anführer des Volksaufstandes gegen die Römer. Mehrfach sind in den Jahrzehnten vor und nach der Geburt Jesu messianische Volksbewegungen entstanden, vor allem in Galiläa. die diesen Erwartungen Ausdruck gaben. Jesus ist wahrscheinlich im Jahr 28 n.Chr. Johannes mit dem Beinamen »der Täufer<< begegnet, der solche Ideen verbreitete. Er sprach über die bevorstehende Befreiung durch Gott und verwies seine Zuhörer darauf, dass jeder einzelne von ihnen sich ändern müsse. Er verlangte die Umkehr zu einem Leben nach den alten göttlichen Geboten des Volkes Israel. Wer sich seiner Gemeinde anschließen wollte, wurde von ihm im Fluss Jordan untergetaucht. Auch Jesus ist wohl auf diese Weise getauft worden. Doch er wurde kein Jünger des Johannes. sondern wandelte dessen Botschaft in entscheidender Weise um. Die Herrschaft Gottes, so predigte Jesus, stehe sehr nahe bevor; sie sei eigentlich schon angebrochen. Und sie war mit dem Wirken von Jesus verbunden. Besonders deutlich wird das in dem biblischen Bericht über sein Auftreten in der Synagoge, dem Versammlungsraum der jüdischen Gemeinde seiner Heimatstadt Nazaret. Dort las Jesus Worte des Propheten Jesaja aus einer Schriftrolle: „Der Herr hat mich mit seinem Geist erfüllt. Er hat mich bevollmächtigt und mir den Auftrag gegeben, den Armen gute Nachricht zu bringen; den Gefangenen zu verkünden. dass sie frei sein sollen, und den Blinden. dass sie sehen werden. Den Misshandelten soll ich die Freiheit bringen und das Jahr

ausrufen, in dem Gott sein Volk rettet“. Und er ergänzte diese Sätze aus dem Alten Testament, in dem er erklärte: «Dieses Wort ist heute für euch in Erfüllung gegangen, eben jetzt, als ihr es aus meinem Mund gehört habt“. (Lukas 4, 16-30)
Es erscheint möglich, die Grundzüge der lehren Jesu zu erkennen, wenn man ein Gebet heranzieht, das er seinen Jüngern beibrachte. Dem „Vaterunser“ liegt ein jüdisches Gebet zugrunde. Es wird noch heute in allen christlichen Kirchen verwendet, wenn auch in sprachlich veränderter Form: Auch ein neues Verständnis der Bibel gehörte zu dem, was Jesus seine Schüler lehrte, die er in Galiläa sammelte und die Beruf und Familie verließen, um mit ihm auf Wanderschaft zu gehen. Die Vielzahl der Gebote und Lebensregeln aus den fünf “ Mose-Büchern engten das Leben der Menschen ein. Aber sie ordneten gleichzeitig auch das Verhältnis der Juden untereinander. den Ablauf der Woche und des Jahres. den Gottesdienst und den persönlichen Lebenslauf. Deshalb sollten diese Gesetze nicht außer Kraft gesetzt, sondern in anderer Weise als bisher erfüllt werden. So hob Jesus z.B. das strikte Arbeitsverbot am Sabbat auf dem wöchentlichen Ruhetag für den Gottesdienst. Wenn es um menschliche Grundbedürfnisse ging oder sogar um menschliches Leben, dann sollte gelten: “Der Sabbat ist für den Menschen da, nicht der Mensch für den Sabbat.” (Markus 2.27)
Mit solchen Auslegungen wies er sich als bibelkundiger Gelehrter aus. doch sie schufen ihm auch Feinde gerade unter den gesetzstreuen Juden, die eine besonders strenge und wörtliche Befolgung dieser Vorschriften verlangten. Sie empfanden es als anstößig. dass Jesus solche Streitgespräche nicht nur in den Synagogen führte. sondern auf Straßen und Plätzen und vor Menschen. die nach Meinung der anderen Gesetzesausleger keinerlei Voraussetzungen für das Verstehen solcher Gespräche besaßen. Eine Zuspitzung sahen sie auch in dem, was Jesus über die Beziehungen der Menschen zueinander und ihr Verhältnis zu Gott öffentlich aussprechen. Besonders deutlich wird das in seiner Auslegung des biblischen Verbotes zu töten. Natürlich sollte dieses Gebot Gottes weiter gelten. Aber Jesus verschärfte es durch den Zusatz:
„Schon wer auf seinen Bruder zornig ist. gehört vor Gericht.” (Matthäus 5,22).
Und er erweiterte dieses Gebot um die Forderung der Feindesliebe (Matthäus 5,44). Im Matthäus- und im Lukas-Evangelium sind diese Auslegungen der jüdischen Gesetze gesammelt und in einem Komplex überliefert, einmal als Bergpredigt und als Feldrede bei Lukas. In diesem Zusammenhang ist auch die »Goldene Regel« zu finden: „Behandelt die Menschen so, wie ihr von ihnen behandelt werden wollt.“ (Matthäus 6,12).
Doch nicht in dieser Regel, die man so und ähnlich in vielen Religionen finden kann, wird man das Spezifische der Lehre Jesu sehen dürfen. Sondern es wird erkennbar in dem „vornehmsten Gebot“, das in den Evangelien von Matthäus, Markus und Lukas verschieden und doch sinngleich überliefert wird: „Ein Gesetzeslehrer wollte Jesus eine Falle stellen und fragte ihn: >Lehrer, welches ist das wichtigste Gebot der Gesetze? Jesus antwortete: „Liebe den Herrn, deinen Gott, von ganzem Herzen, mit ganzem Willen und mit deinem ganzen Verstand. Das zweite ist gleich wichtig: Liebe deinen Mitmenschen wie dich selbst. In diesen beiden Geboten ist alles zusammengefasst, was das Gesetz und die Propheten fordern“

(Matthäus 22,35-39).

Als Einheit von Nächstenliebe und Gottesliebe bestimmt dieses höchste Gebot Jesu auch heute das Leben frommer Christen.

Nach den biblischen Berichten verhielt sich Jesus so wie er lehrte. Er verkehrte mit den Menschen, die am Rande oder außerhalb der gesetzestreuen jüdischen Gesellschaft lebten: mit dem ungebildeten Volk, mit Dieben, Prostituierten, mit den verhassten jüdischen Mitarbeitern der römischen Besatzungsmacht, mit Geisteskranken und Aussätzigen. Durch Krankenheilungen und gemeinsame Mahlzeiten mit Menschen, die als religiös oder sozial minderwertig galten, lebte er seinen Jüngern die von ihm angekündigten neuen Verhältnisse vor. Aus der größeren Schar der Mitwandernden wählte er eine kleine Gruppe von zwölf Männern aus. die mit dem sogenannten Missionsbefehl beauftragt wurden, in der ganzen bekannten und bewohnten Welt diese neue Weise des Lebens und Glaubens bekannt zu machen. (vgl. Matthäus 10.5-15) Nach demonstrativen Handlungen wie der Vertreibung von Händlern und Geldwechslern aus dem Tempel wird die Kritik der Priester und Gesetzeslehrer umgeschlagen sein in Verfolgungen. Angesichts der drohenden Gefahr versammelte Jesus noch einmal den Kreis der engsten Anhänger um sich zu einem Abschiedsmahl. Nach diesem Abendmahl wurde er vielleicht mit Hilfe des enttäuschten Jüngers Judas verhaftet, verhört und angeklagt. Die jüdischen Instanzen bewerteten seine Reden und Handlungen als gotteslästerlich und darum todeswürdig. Sie übergaben Jesus an die römischen Behörden zur Durchführung der Todesstrafe. Schon bald wurde von den ersten christlichen Gemeinden das Zeichen des Kreuzes und die von den Römern am Kreuz angebrachte Begründung für die Hinrichtung, die Buchstaben INRI (eine Abkürzung für Iesus Nazarenus Rex Judaeorum; lateinisch, mit der Bedeutung: Jesus aus Nazaret, der sich als König der Juden ausgab) als Symbol für ihre Anhängerschaft zu Jesus gebraucht. Ebenso wurde der Titel Messias, in der griechischen Form Christos (lateinisch Christus), von seinen Jüngern weiter auf Jesus angewandt und erhielt bald die Form eines Zusatzes zum Namen. Ein Bekenntnis der ersten Gemeinden etwa aus dem Jahr 60 n. Chr. lautete: „Jesus Christus ist Herr“ Das führte später zu der Selbstbezeichnung Christen.

Drei Tage nach der Beisetzung seines Leichnams in einem Felsengrab außerhalb der Stadt Jerusalem fanden seine Jünger das Grab leer. So berichten es die Autoren im Neuen Testament, die selbst natürlich keine Augenzeugen waren. Sie haben in ihren Schriften die Überzeugung der ersten Jünger von der Auferweckung Jesu von den Toten durch Gott verbunden mit den überlieferten Erinnerungen an seine Reden und Taten. Das wurde schließlich zum wesentlichen Inhalt des christlichen Glaubens.

(aus Religionen, a.a.O.)

Es geht hier um verschiedene Religionssekte.

Ordnen Sie den folgenden Begriffen die richtigen Definitionen zu:

KATHOLISCH	- protestantisch im Rahmen des auf Zwingli und Calvin zurückgehenden Bekenntnisses.
SCHIIT	- Anhänger der orthodoxen Sunna, zu der über 90% der Muslime gehören
ORTHODOX	- protestantisch im Rahmen des Bekenntnisses und der Bekenntnisgemeinschaft, die sich ausschließlich an Martin Luther und seiner Theologie orientiert.
EVANGELISCH-LUTHERISCH	- rechtgläubig, strenggläubig;
SUNNIT	- Anhänger der Schia (der Partei Alis, des Schwiegersohnes Mohammeds, u. seiner Nachkommen), einer der beiden Hauptglaubensrichtungen Islams;
EVANGELISCH-REFORMIERT	- sich zu derjenigen christlichen Kirche und ihrem Glauben - bekennend, die beansprucht, alleinseligmachend zu sein und die das Dogma der Unfehlbarkeit des Papstes, ihres als Stellvertreter Christi eingesetzten Oberhauptes, vertritt.
EVANGELIUM	- aus der kirchlichen Reformation des 16.Jh.s hervorgegangene Glaubensbewegung, die die verschiedenen evangelischen Kirchgemeinschaften umfasst;
PROTESTANTISMUS	- Heilbotschaft Christus; die frohe Botschaft von Jesus Christus; b). Äußerung oder Schrift, an deren Richtigkeit bzw. maßgebenden Charakter man bedingungslos glaubt und die man als höchste Instanz für das eigene Handeln anerkennt c) die Geschichte des Lebens und Wirkens von Jesu.

1.Bitte informieren Sie sich!
2.Welche Sakramente gibt es im Christentum?
3.Geben Sie eine knappe Erklärung.

WIE SAKRAMENTE EMPFANGEN WERDEN

Die Sakramente sind keine Hausaufgaben der Kirche, die ein guter Christ pflichtgemäß zu erfüllen hat. Sie sind viel mehr ein Geschenk Gottes, das uns seine Liebe und Nähe zum Ausdruck bringen möchte.
(1) CHRISTUS ist das Ursakrament.
(2) TAUFE: Sie ist das Tor zu allen anderen Sakramenten.
Wollen Sie Ihr Kind taufen lassen, setzen Sie sich bitte mit Ihrem Pfarrer in Verbindung. Dieser führt dann mit Ihnen ein Gespräch, um Sie kennenzulernen und die Formalitäten zu erledigen. Die Taufe wird im Taufbuch festgehalten, das am Taufort geführt wird. Darin werden auch alle weiteren empfangenen Sakramente vermerkt.
Natürlich kann sich auch ein Erwachsener taufen lassen. Im sogenannten Katechumenat wird er auf dieses Ereignis vorbereitet.
(3) Erstkommunion, Firmung Der erste Anstoß zum Empfang dieser beiden Sakramente erfolgt meistens im Religionsunterricht. Daneben ist aber auch die Vorbereitung in außerschulischen Gruppen durch die Gemeindereferenten sehr wichtig geworden. Auch die Eltern helfen häufig tatkräftig mit. Die Firmung wird vom Bischof gespendet.
(4) Ehe Der Gemeindepfarrer ist auch hier die erste Anlaufstation, selbst wenn Sie von einem anderen Priester und an einem anderen Ort getraut werden wollen. Es werden von der Kirche zur Vorbereitung auf die Ehe sehr gute und interessante Kurse angeboten.
(5) Berichte Dieses Sakrament verdeutlicht, dass Gott immer bereit ist, die Menschen zu verzeihen, wenn sie ihn darum bitten. Man kann die Berichte bei einem Pfarrer auch innerhalb eines Berichtgesprächs ablegen. Diese findet dann nicht im Beichtstuhl, sondern in einem Beichtzimmer statt. Vorteil die nicht so anonyme Atmosphäre
(6) Krankensalbung: Die doppelte Salbung auf Stirn und Hände soll ausdrücken, dass das Sakrament dem Kranken in seiner Gesamtheit als denkende und handelnde Person gilt. Sie kann von jedem erbeten werden, der Gottes Beistand braucht, ohne dass er deswegen gleich im Sterben liegen muss.
(7) Priesterweihe: Mit ihr werden Vollmachten übertragen, besonders zur Feier der Eucharistie und zur Sündenvergebung.
Priester leben zölibatär, sie dürfen also nicht heiraten. Diese Lebensweise drückt ihre besondere Verbundenheit mit Jesus Christus aus.

(Religion in Deutschland Kirche infoblättchen)

1. Klären Sie die folgenden Begriffe aus dem Text mit Hilfe des Wörterverzeichnisses bzw. eines Wörterbuches.

Das Sakrament, die Taufe, der Pfarrer, das Taufbuch, die Erstkommunion, die Firmung, der Religionsunterricht, der Gemeindereferent, der Bischof, der Gemeindepfarrer, der Priester, die

Beichte, das Berichtgespräch, der Beichtstuhl, das Beichtzimmer, die Salbung, die Eucharistie, die Sündenvergebung.

2. Die folgenden Bilder sind mit dem Inhalt des Textes aufs engste verbunden. Stellen Sie bitte Vermutungen darüber an:

a) wo und wann spielen sich diese Situationen ab?

b) wer?

c) warum?

3. Gibt es auch in Ihrem Land ähnliche Rituale?

4. Schreiben Sie bitte zu den nachstehenden Wörtern die Artikel und die Entsprechungen in Ihrer Muttersprache auf.

________Kirche ________________________________

________Christ ________________________________

________Gottesgeschenk________________________________

________Formalität ________________________________

________Ehe ________________________________

________Priester ________________________________

________Stirn ________________________________

Religionszugehörigkeit in Deutschland in Tausenden.

	1992	**1994**
evangelisch	28 875	28 197
katholisch	27663	27 465
jüdisch	37	47

(aus Zahlenkompass, Statistisches Taschenbuch für Deutschland, h.g.v Statistisches Bundesamt, Wiesbaden 1996, S.20)

-Welche Tendenz zeichnet sich ab?

-Studieren Sie die nächste Tabelle. Welche Gründe gibt es für die Kirchenaustritte?

Frage an Personen, die aus der Kirche ausgetreten sind: Es gibt ja unterschiedliche Gründe, weshalb man aus der Kirche austritt. Was davon Trifft auch auf Sie zu?		Insgesamt	Volkshoch schule	Höhere Schule	Männer	Frauen	16-29 Jahre	30-34Jahre	45-59 Jahre	Ab 60 Jahre
	Weil ich nicht länger Kirchensteuer bezahlen wollte	66	75	59	71	58	72	69	64	48
	Weil mir die Kirche nichts mehr sagte	54	55	54	58	49	51	55	61	51
	Weil die Religion mir wenig bedeutet	51	55	49	55	46	56	54	57	29
	Weil ich mich über die Kirche geärgert habe	29	27	30	26	33	32	29	28	26
	Weil mir die Kirche zu reich ist	22	22	22	23	20	17	23	26	23
	Weil ich nichts von dem Pfarrer, Priester hier am Ort gehalten habe	15	21	11	15	16	15	8	19	27
	Weil sich die Kirche viel um Politik kümmert	14	12	16	19	8	4	18	17	17
	Weil ich auf niemandem mehr Rücksicht zu nehmen brauchte, der wollte, dass ich in der Kirche bin	6	7	5	5	7	8	6	4	3

Die Antworten ergeben mehr als 100 Prozent, weil die Befragten sich an Hand einer Liste für mehrere Aussagen entscheiden konnten.

(Aus Linguist - Mog. A, Spielarten, Langenscheidt, Seite 101.)

1.Sehen Sie sich die Übersicht an.

WAS KATHOLIKEN UND PROTESTANTEN TRENNT

	KATHOLIKEN	PROTESTANTEN
Die Gnadenlehre	*Im Prinzip stimmt Rom der lutherischen Haltung heute zu, betont aber stärker die Rolle der Kirche.*	*Der Sünder wird allein durch Gnade und den Glauben erlöst.*
Sakramente	*sieben Sakramente als wirksame Gnadenzeichen – Taufe, Buße (Beichte), Eucharistie (Abendmahl, Wandlung von Brot und Wein in Leib und Blut Christi), Firmung (ev. Konfirmation), Weihe (Priesterweihe), Ehe (keine Scheidung möglich), Sterbesakrament (Letzte Ölung)*	*nur Taufe und Abendmahl, da beide auf Christus zurückgehen*
Amtspriestertum	*Amtspriestertum mit besonderer Weihe, nur Männer zugelassen*	*allgemeines Priestertum*
Papst	*Katholiken kannten bis 1870 die Unfehlbarkeit ebenfalls nicht.*	*lehnen den Primat, den Vorrang des Papstes, und seine Unfehlbarkeit ab*

Papst Johannes Paul II. ist bereit, über die Rolle des Papstamtes zu sprechen, wenn sie sich als Hindernis zwischen den Kirchen erweisen sollte.

	KATHOLIKEN	PROTESTANTEN
Marienfrömmigkeit und Heilige	***Die ganze Christenheit verehrt Maria als Gottesmutter.*** *wesentliches Element der Volksfrömmigkeit. Leibliche Aufnahme in den Himmel und Unbefleckte (sündenlose) Empfängnis sind zwar Dogmen, aber auch unter Katholiken umstritten.*	*nur eine biblisch begründete Marienverehrung, besondere Heiligenverehrung abgelehnt*
Mischehe	*Heiratserlaubnis, Dispens, muß eingeholt werden.*	

Quelle: Focus-Magazin

2. Vergleichen Sie.

3. Benutzen Sie die Kommunikationsmodelle des Vergleichens:

Die…, aber / jedoch die…

Während …, die…

Vergleicht man… und… ergibt sich, dass…

Die einen glauben, dass…

Im Vergleich zu…

Sehen Sie sich bitte zuerst nur die Überschrift des folgenden Textes an. Worum könnte es in dem Text gehen?

2. Jetzt vergleichen Sie Ihre Schlußfolgerung mit dem angegebenen Text.

ÖKUMENE: GEMEINSAMER WEG

Neben den katholischen Christen sind die evangelischen Christen sind die evangelischen Christen die andere große Gruppe von Gläubigen in Deutschland. Natürlich ist auch die evangelische Kirche gut organisiert. In der evangelischen Kirche in Deutschland sind 24 lutherische, reformierte und unierte Landeskirchen mit mehr als 28 Millionen Mitgliedern zusammengeschlossen (siehe die Karte). Wie stehen nun aber die katholische und die Evangelische Kirche zueinander? Bei allen Unterschieden muss festgehalten werden: Gemeinsam ist allen die Taufe. Man ist zusammen ein Volk Gottes. Die katholische Kirche geht davon aus, dass die Bischöfe in einer direkten apostolischen Nachfolge stehen, also direkt auf die Apostel zurückführen sind. Das kennt die evangelische Kirche nicht.
Ihre Pfarrer, die keine Verpflichtung zur Ehelosigkeit haben und Bischöfe empfangen
auch kein Sakrament der Weihe. Die evangelischen Kirchen haben keinen Papst. Beide Kirchen versuchen, sich näherzukommen. So sind ökumenische Wortgottesdienste längst keine Seltenheit mehr, auch wenn man noch keine eucharistische Tischgemeinschaft hat.

Texterläuterungen:

DIE ÖKUMENE - die bewohnte Erde, die Erde als Lebensraum der Menschen

UNIEREN - vereinigen

EUCHARISTISCH - das Abendmahl, das Altarsakrament betreffend

DIE EUCHARISTIE - Dankgebet vor dem Abendmahl

1. Lesen Sie den Text noch einmal und stellen Sie fest, ob die folgenden Aussagen im Text stehen.

2. Arbeiten Sie an dem Text nachfolgender Bestimmungsweise:

\+ = steht im Text

\- = widerspricht dem, was im Tex steht

0 = im Text steht dazu nichts

a). Den evangelischen und katholischen Christen ist die Taufe gemeinsam.

b). In der katholischen Kirche sind in Deutschland 24 lutherische, reformierte und unierte Landeskirchen mit mehr 28 Millionen Mitgliedern zusammengeschlossen.

c). Die katholische Kirche ist in Deutschland gut organisiert.

d). Die katholischen und evangelischen Christen sind zusammen ein Volk Gottes.

e). Die evangelische Kirche geht davon aus, dass die Bischöfe in einer direkten apostolischen Nachfolge stehen.

f). Die katholischen Bischöfe sind direkt auf die Apostel zurückzuführen.

g). Die Pfarrer der evangelischen Kirche haben keine Verpflichtung zur Ehelosigkeit, sie empfangen auch kein Sakrament der Weihe.

h). Die katholischen Kirchen haben einen Papst.

i). Beide Kirchen (sowohl katholische als auch die evangelische) haben eine eucharistische Tischgemeinschaft.

3.Nennen Sie Antonyme zu folgenden Wörtern, die im Text zu treffen sind.

gemeinsam, fest, direkt, längst, zusammen, eucharistisch

4.Bilden Sie Satzbeispiele mit unten angegebenen Wendungen.

von etw. ausgehen

etw. festhalten

zueinanderstehen

5.Verstehen Sie die folgenden Sprichwörter, in welcher Situation kann man sie gebrauchen? Sind alle noch aktuell? Welche finden Sie problematisch?

1. Es beten nicht alle, die in die Kirche gehen.
2. Dem einen gefällt der Pfarrer, dem anderen die Pfarrerin.
3. Der Glaube versetzt Berge
4. Glaube ist nicht Wissenschaft
5. Glauben und Meinen bringen Reu und Weinen
6. Der Mund betet und die Hand tätet.
7. Willst du nicht arbeiten, so hilft dir kein Beten
8. Wer einmal lügt, dem glaubt man nicht und wenn er auch die Wahrheit spricht.

<u>Nachfolgend lesen Sie, was alles der Kirche gehört und was die einzelnen Symbole jeweils bedeuten.</u>

Jede Kirche -modern oder klassisch- hat ihren Reiz und birgt viele Schätze in sich, die es zu entdecken gilt. Moderne Kirchengebäude wirken auf den ersten Blick etwas nüchtern. Doch entdecken Sie den inneren Reichtum:

<u>DAS TAUFBECKEN</u>
Hier wird das Sakrament der Taufe gespendet.

<u>DER ALTAR</u>
ist das Zentrum vorne oder auch in der Mitte des Raumes. An diesem Tisch werden die Gaben des Herren bereitet.

<u>DER AMBO</u>
ist das Lesepult; seitlich vom Alter. Hier werden die Lesungen aus der Bibel, die Fürbitten und die Predigt vorgetragen.

<u>DER TABERNAKEL</u>
Hier(im Altarraum) werden die Geweihten Hostien aufbewahrt. Die brennende Kerze dabei versinnbildlicht das Licht Christi.

<u>DIE BEICHTSTÜHLE</u>
Meist befinden sie sich an den seitlichen Kirchenbänden. Hier wird die Beichte abgenommen. Das ist aber auch in einem Beichtzimmer möglich.

1. Informieren Sie sich bitte, wie sich die Kirche in Deutschland aufbaut.

SO BAUT SICH DIE DEUTSCHE KIRCHE AUF

Die größte Einheit in deutscher Kirche ist das Bistum, dem ein Bischof vorsteht. In Deutschland gibt es zurzeit 27 Diözesen wie die Bundesländer des Staates. Der Bischof ist dem Papst in Rom verantwortlich. Jede Diözese ist für sich eine Art „Kleinkirche". Ein Bistum ist also nicht weniger Kirche als der Vatikan in Rom.

2. Haben Sie den Text gut verstanden und sich die Karte gründlich angesehen` Kontrollieren Sie das bei einem Gespräch mit Ihrem Partner.

Sie fragen z.B.:

was ein Bistum ist;

was eine Diözese bedeutet;

nach der Zahl der Diözesen in Deutschland;

3.Erklären Sie die Bedeutung folgender Zusammensetzungen.

DER BISCHOF: der Weihbischof, der Landesbischof, der Hilfsbischof, der Fürstbischof, der Erzbischof

DIE KIRCHE: Dorfkirche, Landeskirche, Staatskirche, Hauptkirche, Backsteinkirche, Barockkirche, Liebfrauenkirche, Vorkirche, Ostkirche, Westkirche.

DER DIENST: Gottesdienst, Feldgottesdienst, Abendgottesdienst, Trauergottesdienst, Abendmalgottesdienst

1. **Finden Sie bitte das nächste Wort.**

Kleinkirche,

Kirchendienst,

Dienstleistung,

Leistung.........

Substantive mit folgenden Endungen sind feminin:
-heit, -keit, -schaft, -ung,-ion,-in, -enz, -ei, -ie, -ik, --tät, -ur.
Feminin sind auch die von den Verben abgeleiteten Substantive auf **–e** und **-t.**

2.Schreiben Sie bitte jeweils zwei weitere Substantive in die einzelnen Rubriken.

-heit	-keit	-schaft	-ung
Die Schönheit	die Gemeinsamkeit	die Kameradschaft	die Salbung
___________	___________	___________	___________
___________	___________	___________	___________

-ion	-in	-enz	-ei
die Kommunion	die Pastorin	die Konkurrenz	die Barbarei
___________	___________	___________	___________
___________	___________	___________	___________

-ie	-ik	-tät	-ur
die Eucharistie	die Panik	die Formalität	die Natur
___________	___________	___________	___________
___________	___________	___________	___________

1. **Lesen sie bitte die nachstehenden Texte und füllen Sie anschließen d das Raster aus.**

DIE EHE

Nach kirchlichem Verständnis ist die Ehe jener Bund, durch den Mann und Frau unter sich die Gemeinschaft des ganzen Lebens begründen. Diese Gemeinschaft ist auf das Wohl der Ehegatten und auf die Zeugung und Erziehung von Nachkommenschaft hingeordnet. Ist einer der Brautleute bei Abschluss der Ehe grundsätzlich nicht bereit, in der Ehe Kindern das Leben zu schenken, so ist die Ehe vor der katholischen Kirche ungültig.(...) Einheit und Unauflöslichkeit sind die beiden prägenden Wesenseigenschaften der christlich- katholischen Ehe. Die Ehe verlangt somit für die Kirche die unbedingte Treue beider Partner bis zum Tode. Sie ist unvereinbar mit jeder Form von Ehebruch und Ehescheidung. Katholische Kirche missbilligt ausdrücklich nichteheliche Partnerschaften. Sie sieht in der Ehe den einzig legitimen Ort für die Vereinigung zwischen Mann und Frau.

(Religion in Deutschland, Moskau 1994)

Fragen	**Ehe**
1.Welche Formulierungen im Text zeugen von starrer, konservativer Moralvorstellung der katholischen Kirche?	____________________
2.Welche Formulierungen im Text zeugen von offener, liberaler Moralvorstellung der katholischen Kirche?	____________________

FAMILIENPLANUNG UND GEBURTENREGELUNG

Die katholische Ehe und die eheliche Liebe sind auf die Weitergabe des Lebens und die Erziehung der Kinder ausgerichtet. Die Eheleute haben, wie es in Art 3 der vom apostolischen Stuhl im Jahr 1983 vorgelegten Charta der Familienrechte heißt, das unveräußerliche Recht, eine Familie zu gründen und über den zeitlichen Abstand der Geburten und Zahl ihrer Kinder zu entscheiden.

Abtreibung und Tötung eines Kindes sind daher in den Augen der Kirche verabscheuenswürdiges Verbrechen und durch kleine Notlage zu rechtfertigen. Ein mit Erfolg durchgeführter Schwangerschaftsabbruch zieht für alle unmittelbar

Beteiligten, d.h. für die Schwangere selbst, die Ärzte und Hebammen, die sofortige Exkommunikation nach sich

Die Kirche erklärt die Geburtenregelung mit Hilfe künstlicher Mittel für sittlich unerlaubt. Die von Gott bestimmte unlösbare Verbindung der beiden Sinngehalte liebende Vereinigung und Fortpflanzung darf der Mensch eigenmächtig auflösen. Gerechte Gründe, die sich aus der körperlichen oder seelischen Situation der Gatten oder aus äußeren Verhältnissen ergeben, können jedoch dafürsprechen, die Anzahl der Kinder zu begrenzen.

(Religion in Deutschland, Moskau 1994)

Fragen	Familienplanung und Geburtenregelung

1.Welche Formulierungen im Text zeugen von starrer, konservativer Moralvorstellung der katholischen Kirche? ______________________

2.Welche Formulierungen im Text zeugen von offener, liberaler Moralvorstellung der katholischen Kirche? ______________________

2.Schreiben Sie bitte die muttersprachlichen Entsprechungen darunter. Arbeiten Sie an dem Wortschatz!

kirchliches Verständnis ______________________

Zeugung und Erziehung der Nachkommenschaft ______________________

Abschluss der Ehe ______________________

Kindern das Leben schenken ______________________

unbedingte Treue beider Partner ______________________

Ehebruch und Ehescheidung ______________________

nichteheliche Partnerschaft ______________________

der apostolische Stuhl ______________________

die Charta der Familienrechte ______________________

Abtreibung eines Kindes ______________________

liebende Vereinigung und Fortpflanzung ______________________

sittlich unerlaubt ______________________

1. Sind Sie einverstanden mit der Stellung der katholischen Kirche zu Ehe und Familienplanung?

a). wenn „Ja“, Ihre Gründe dafür!

b). wenn „Nein“, Ihre Gründe dagegen!

2. Führen Sie ein Gespräch darüber, welche Stellung der Islam zu Ehe und Familienplanung einnimmt.

a) Gibt es Ähnlichkeiten? Welche?

b) Gibt es Unterschiede? Welche?

3. Bilden Sie mit den folgenden Satzanfängen Sätze, wenn Sie Argumente gegen oder für das Gesagte in den beiden obengenannten Texten verbringen möchten:

Man kann jedoch dagegen anführen ……

Im Gegenteil dazu ……

Im Widerspruch dazu steht, dass……

Es ließe sich aber auch anführen, dass……

Von anderer Seite aus betrachtet ……

Das stimmt zwar, aber ……

2. Geben Sie bitte den folgenden Text in Ihrer Muttersprache wieder.

ISLAM ------ NACHHOLEBEDARF AM VERSTEHEN

(…) Man wird der deutschen Öffentlichkeit wohl kaum Unrecht tun, wenn man behauptet, dass zu viele bei der Nennung des Wortes **ISLAM** vor allem Begriffe wie “in humanes Strafrecht”, religiöse Intoleranz, “Unterdrückung der Frau” und “aggressiver Fundamentalismus” assoziieren. Das ist eine Verengung, die wir korrigieren müssen. Erinnern wir uns nur einmal daran, dass es vor sechs- oder siebenhundert Jahren eine große islamische Aufklärung gegeben hat, die dem Westen beträchtliche Teile des antiken Wissens erhalten hat und sich ihrerseits einem abendländischen Denken konfrontiert sah, das sie als ziemlich fundamentalistisch und intolerant empfunden haben muss. Und endlich sollten wir zur Kenntnis nehmen, dass die islamische Welt auch kein monolithischer Block ist, ähnlich wie die unsere. So ist zum Beispiel der indonesische Islam etwas ganz anderes als der iranische Islam.

1 Bitte übersetzen Sie den oben gegebenen Text. Gehen Sie schrittweise vor:

a). Lesen Sie zunächst den ganzen Text durch und fassen Sie kurz auf der Grundlage einiger Notizen zusammen, worum es geht;
b). Markieren Sie die Wörter / Textstellen, die Ihnen Schwierigkeiten bereiten;
c). Versuchen Sie, die schwierigen Wörter/ Textstellen aus dem Kontext zu erschließen;
d). Wenn es jetzt noch Probleme gibt, arbeiten Sie mit dem Wörterbuch;
e). Übersetzen Sie den Text;

ZWISCHEN ORIENT UND OKZIDENT

(von Zafer Senocak)

Der Islam ist zum Feindbild geworden, nicht weil er fremd ist, sondern weil wir einander so ähnlich sind.

Es ist kein Zufall, dass es nicht ein wissenschaftliches Werk war, sondern ein fiktiver Text wie die „Satanischen Verse“, der die "Ingenieure des Glaubens " in der islamischen Welt provoziert hat.
Denn Salman Rushdie besetzt mit seinem Wortzauber den von der Religion freigeräumten Platz. Mehr noch, er enthüllt die Leere dieses Koran. Dichter und Propheten holen die Wörter aus einer verborgenen Sprache.
Rationale Erkenntnis und Säkularisierung haben die Wahrnehmung der Welt durch den Menschen überall grundlegend verändert. Doch anders als der Westen hat die islamische Welt mit Modernisierung ihre mythischen Grundlagen verloren. Nicht Verwandlung bestimmte den Fortschritt, sondern ein radikaler Bruch mit dem Erbe.
(...)
Oberflächlich gesehen ist der Islam vor allem eine Lebensweise, eine Kommunikationsform. Eine Art und Weise des Blicks vom Eigenen Glauben steht Unglauben, Ruhe und Ordnung steht Unruhe und Chaos, Erlaubtes Verbotenem gegenüber.
Diese dichotome Sicht der Welt ist nichts Archaisches, sondern durchaus mit der Moderne vereinbar. Die zivilisatorische Idee kommt ohne für Gegenbild, den Barbaren, ebenso wenig zur Entfaltung wie die islamische Heilslehre ohne die Welt der Irregehenden. Weder ihre Ferne noch ihre Fremdheit machen die islamische Welt zum Feind des Westens. Das Feindbild Islam lebt gerade von der Nähe und der Verwandtschaft zum Westen. Wer genau hinsieht, erkennt auf der Oberfläche der islamischen Kultur von heute Elemente, die in der aufgeklärten und säkularisierten Welt ins Unbewusste verdrängt worden sind. Am Körper "Islam" sieht man, was man an sich selbst nicht sehen will, vor allem Sinnlichkeit und Gewalt. Die Kommunikation zwischen der aufgeklärten, säkularisierten Weltkultur des Westens und den verschiedenen Facetten der islamischen Gegenwart droht gänzlich zu versagen. Wer bei dieser scheinbar ausweglosen Auseinandersetzung der Aufklärung verpflichtet ist, hat Fragen zu stellen, nicht nur an den Anderen, sondern auch an sich selbst. Diese Selbstbefragung findet aber nicht mehr statt, wenn der Steckbrief des Anderen millionenfach in die Wohnzimmer gesendet wird.

Nirgendwo ist der Gedanke der Aufklärung fragiler als dort, wo schnell gewonnene Erkenntnisse zur Gewissheit werden, wo die Gewissheit zu herrschen beginnt und die Rätsel an Bedeutung verlieren.

(Die Zeit N 22, 26. Mai, 1995)

Sie haben den Text in Ihre Muttersprache übersetzt und ihn soweit verstanden, dass es Ihnen jetzt sicher leicht fällt auf die folgenden Fragen zum Text zu antworten.

1. Warum ist Islam zum Feindbild des Westens geworden?
2. Sind „Satanische Verse" ein wissenschaftliches Werk?
3. Auf welche Weise gelang es Salman Rushdie die Lehre im Koran zu enthüllen?
4. Wodurch ist die Wahrnehmung der Welt durch den Menschen verändert?
5. Warum ordnet der Islam die Welt in Polaritäten ein?
6. Was möchte der Westen mit Islam auseinandersetzen?
7. Welche Wörter im Text haben Ihnen bei der Übersetzung und bei der Antwort auf die Fragen zu Text gut geholfen?
8. Bitte markieren Sie sie.
9. Welche von den folgenden Wörtern des Textes gehören zur internationalen Lexik? Nennen Sie die Äquivalente im Deutschen, wie z.B.:

das Orient	- *Morgenland, Länder des Nahen, Mittleren fernen Ostens*
das Okzident	-
provozieren	-
konkurrieren	-
die Säkularisierung	-
radikal	-
die Kommunikation	-
die Facette	-

1.Bilden Sie jeweils drei Satzbeispiele mit folgenden <u>lexikalischen Einheiten</u>

die Grundlage verlieren -

den Fortschritt bestimmen -

mit jmdm. Konkurrieren -

fragil (sehr zart, zerbrechlich) sein –

2.Arbeiten Sie an den antonymischen Wortpaaren. Sie werden sich <u>leicht einprägen. Bilden Sie Beispiele.</u>

Glauben und Unglauben,
Ruhe und Unruhe,
Ordnung und Chaos,
Erlaubtes und Verbotenes

3.Merken Sie bitte die Wörter aus dem Text, die wie Adjektive dekliniert werden.

Nominativ Singular	der Andere	ein Anderer
	der Eigene	ein Eigener
Genitiv Singular	des Anderen	eines Anderen
	des Eigenen	eines Eigenen
Nominativ Plural	die Anderen	Andere
	die Eigenen	Eigene

4.Deklinieren Sie folgende Substantive nach obiger Art.

der Jugendliche
der Erwachsene
der Deutsche
der Reisende

5.Lesen Sie die folgenden Sprichwörter. Erläutern Sie sie nach ihrer Bedeutung.

Bei jungen Pfaffen beichten die Weiber gern.
Kommt der Teufel in die Kirche, so will er auch auf den Altar.
Je näher Rom, je schlimmer Christ.

6.Gibt es in Ihrem Lande heilige Orte, Plätze, Gegenstände? Erzählen Sie bitte darüber.

Welche Legenden, Personen, Gegenstände, Wunder sind damit verbunden?

7.Welche der folgenden Wörter passen Ihrer Meinung nach zu den Propheten Jesus, Mohammed u.a, welche passt nicht.

+ = passt
\- = passt nicht

friedlich	____	____
Hoffnung	____	____
Gewaltlosigkeit	____	____
Machtmissbrauch	____	____
Bevormundung	____	____
sich wehren	____	____
Furcht		
Ermutigung	____	____
Knüppel und Steine	____	____
kriegerisch	____	____
wohlwollend	____	____
heimtückisch	____	____

Grundzüge der jüdischen Religion

Gott und das Volk Israel

Juden glauben an den einen und einzigen, weder bildlich heiligen und ewigen Gott. Sie dürfen ihn darstellen noch seinen Namen aussprechen. Sie nennen ihn deshalb einfach „den Herrn" oder „den Heiligen". Dieser Gott hat nach ihrer Vorstellung die Welt erschaffen und die Menschen nach seinem Bilde geschaffen. Bereits die hebräische Bibel.das Alte Testament der Christen spricht von den Beziehungen zwischen Gott und den Menschen, insbesondere dem Volk Israel, worunter sich die Juden verstehen. Danach hat Gott mit diesem Volk einen Bund geschlossen, es vor anderen Völkern ausgewählt und aus der Knechtschaft in Ägypten in das „gelobte Land" geführt. Nach allgemeiner jüdischer Auffassung ist dieses Volk jedoch da - durch nicht besser als die anderen. Vielmehr soll es vor allem Zeuge für Gottes Existenz sein. Gott ist barmherzig. und die Menschen können ihn wie einen Vater achten und lieben. Israel ist Gott gegenüber verpflichtet, seine Gebote zu erfüllen. Juden wenden sich an Gott mit einem Gebet aus der Bibel. Nach seinen hebräischen Anfangsworten wird es „Schema Israel" („Höre Israel!") genannt. Sein Anfang lautet:

Das jüdische „Schema Israel" (Auszug)

Höre Israel. der Herr. unser Gott. ist ein einiger Herr. Du sollst den Herrn. deinen Gott. liebhaben von ganzem Herzen. von ganzer Seele. von allem Vermögen. Diese Worte. die ich dir heute gebiete. sollst du dir zu Herzen nehmen und sollst sie deinen Kindern einschärfen und davon reden...

(5.Moses 6.4.7.)

1.Klären Sie in der Gruppe die Textstellen, die Ihnen Schwierigkeiten bereiten.

2. Wie stellt dieses jüdische Gebet das Verhältnis von Gott und Menschen dar? Was verlangt es von den Juden?

3. Wie verstehen Sie diesen Satz:

„Israel ist Gott gegenüber verpflichtet, seine Gebote zu erfüllen".

Das Judentum

Schema einer Synagoge

Rechte Seite:

Die Synagoge in der Leipziger Keilstraße ist die letzte von ehemals dreizehn jüdischen Gebetshäusern in der Messestadt.

1 Tora-Schrein in der Wand, die nach Jerusalem ausgerichtet ist, außerhalb des Gottesdienstes zugehängt

2 Tora-Rollen mit dem handgeschriebenen hebräischen Tora-Text

3 Bima, Pult zum Vorlesen der Tora

4 Ewige Lampe

5 Häufiger Schmuck: Davidstern und siebenarmiger Leuchter

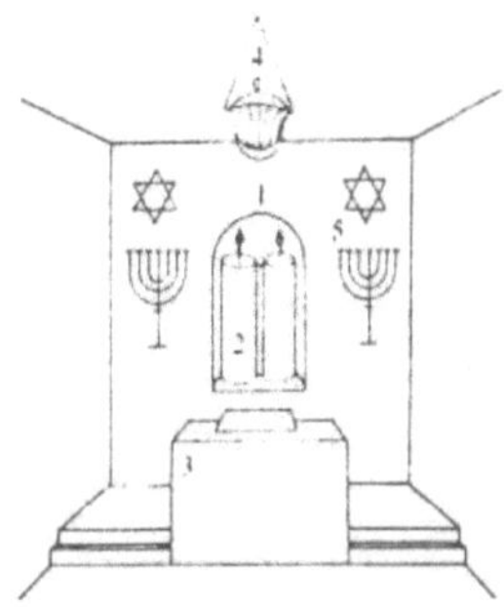

Rabbi Jischmael sagt:
„Sei behende gegen einen Oberen und zugänglich für einen Hilfesuchenden (oder: Jugendlichen)! Empfange jeden Menschen mit Freuden!"

Asais Sohn sagt:
„Du sollst nicht Verachtung gegen irgendeinen Menschen! Du sollst nicht achtlos sein gegen irgendein Ding! Denn es gibt keinen Menschen, der nicht seine Stunde hätte, und es gibt kein Ding, das nicht seinen Ort hätte.

Elischa, Awujas Sohn, sagt:
Wer als Kind lernt, wem gleicht er? Auf neuem Papier geschriebener Tinte. Und wer als Alter lernt, wem gleicht er? Auf radiertem Papier geschriebener Tinte!

Rabbi Jehuda sagt:
Du sollst nicht auf den Krug achten, sondern auf das, was darin ist! Es gibt manchen neuen Krug voll alten Weins und manchen alten, in dem nicht einmal neuer ist.

1. **Lesen Sie die obigen Sinnsprüche der jüdischen Heiligen. Versuchen Sie sie in Ihrer Muttersprache zusammenzufassen.**
2. **Haben Sie Sinnsprüche ähnlichen Inhalts in Ihrem Lande irgendwann gehört.**
3. **Übersetzen Sie bitte folgende Sprüche!**

a) Sei behände gegen einer oberen und zugänglich für einen Hilfesuchenden
b) Es gibt keinen Menschen, der nicht seine Stunde hätte, und es gibt kein Ding, das nicht seinen Ort hätte.

Die Tora

Gottes Gebote sind in der Tora (oder Thora, hebr.: Weisung) enthalten. Dieses Wort ist vieldeutig. Es bezeichnet im engsten Sinne die Zehn Gebote, die nach der Bibel Gott auf dem Berg Sinai, der Führer der Israeliten, Moses, übergeben hat. Es sind im weiteren Sinne die ersten sechs Bücher der Bibel, die sogenannten Bücher Mose, weiter ist es die gesamte hebräische Bibel. Darüber hinaus versteht man darunter außerdem die Gesamtheit der nach der Bibel gesammelten Überlieferungen der großen Lehrer des Judentums, auch „mündliche Thora“ genannt. Sie sind in dem umfangreichen Werk des Talmuds enthalten. der bis um 700 n. Chr. in seiner größeren Form in Babylonien hergestellt worden ist. Bibel und Talmud sind die Quellen der jüdischen Religion. Fromme Juden sehen in ihnen nicht einfach Werke von Menschen, sondern Äußerungen oder Anregungen von Gott selbst.
Über die Jahrhunderte hinweg haben jüdische Gelehrte dieses Erbe gedeutet und erklärt. Dabei sind sie unterschiedlichen Wegen gefolgt. Strenge Kreise legen es wortwörtlich aus und wollen diese Deutung dann in das Leben umsetzen. Sie bilden jedoch eine Minderheit. Die Mehrheit der Juden versucht, diese Gebote den jeweiligen Lebensumständen anzupassen und sie auf das Wesentliche zu beschränken. Eine einheitliche Meinung konnte sich nicht durchsetzen. Es gab auch keine zentrale Einrichtung, die das tun konnte. Von unterschiedlichen Deutungen berichtet auch eine berühmte Geschichte, die im Talmud enthalten ist. Ihre handelnden Persönlichkeiten sind zwei große jüdische Gelehrte, der strenge Schammaj und der großzügige Hillel, die zu Beginn unserer Zeitrechnung lebten. Ein Nichtjude trat vor Schammaj und sprach zu ihm: „Bekehre mich zum Judentum unter der Bedingung, dass du mich die ganze Tora lehrst, während ich auf einem Fuß stehe!" Da stieß ihn Schammaj mit der Elle fort, die er gerade in der Hand hatte. Dann ging der Nichtjude zu Hillel. Dieser bekehrte ihn und sprach zu ihm: „Was dir nicht lieb ist. das tue deinem Nächsten nicht. Das ist die ganze Thora und alles andere ist nur die Erläuterung dazu. Geh hin und lerne!“

Antworten Sie auf diese Fragen!

1. Was verstehen Sie unter dem Wort “die Thora“?
   War Ihnen das Wort „Talmud“ ein Begriff?
2. Worin sieht der jüdische Gelehrte Hillel den Kern des Judentums?
3. Ist diese Lehre nur im Judentum oder auch in anderen Religionen enthalten? Gibt es ähnliche Geschichten in Islam?

Hoffnung auf den Messias

Juden glauben sowohl an den Beginn als auch an das Ende der Welt. an diese unsere Welt und an das Jenseits, ohne sich über die letztere genauen Vorstellungen zu machen. Das bevorstehende Ende der Welt ist an das Kommen des Messias geknüpft. Der Messias (hebräisch: der Gesalbte) wird nach ihrer Überzeugung ein Mensch sein, der aus der Familie Davids, des Königs von Israel stammt. Er wird von Gott als Erlöser geschickt, um die Menschen in ein Reich des Friedens und der Gerechtigkeit zu führen.

Vor allem in Zeiten verstärkter Unterdrückung und Verfolgung haben Juden an diesem Glauben festgehalten und daraus Kraft geschöpft. Einige Gruppen nehmen sogar an, dass der Messias schon erschienen sei, andere erwarten dessen Auftreten in der nächsten Zeit. Für moderne Juden ist der Messias oft einfach ein Zeichen der Hoffnung, ohne dass sie dazu konkretere Ideen haben.

Äußern Sie sich zu diesen Fragen, welcher Meinung sind Sie?

1. Existiert Messias oder ihm ähnliche Gestalt des Messias auch in Islam?
2. Warum nimmt nach Ihrer Meinung die Hoffnung auf den Messias in schweren Zeiten jeweils zu?
3. Glauben Sie an das Kommen des Messias?
   Wenn ja - Ihre Gründe
   Wenn nicht - Ihre Gründe?

Die Gebote und die Tora

Diese Gebote, die auch Verbote einschließen, sind die Grundlage der jüdischen Ethik. Sie sind z.B. in den bekannten Zehn Geboten enthalten, umfassen aber zahlreiche weitere Verpflichtungen, nach jüdischer Auffassung insgesamt 613 einzelne Bestimmungen. Sie betreffen viele Seiten des Lebens, sollen die richtige Erkenntnis verbreiten. Recht sichern und an gute Sitten gewöhnen sowie von schlechten Eigenschaften ablenken. Dieses Regelwerk erscheint Regelwerk dem Außenstehenden belastend, ist aber ein fester Bestandteil jüdischer religiöser Kultur geworden.

Zum Regelwerk gehören Speisegebote und - verbote und Hinweise, wie Tiere geschlachtet werden sollen. Tiere müssen auf die leichteste Art getötet werden. Außerdem ist es verboten. eine Tiermutter und ihr Junges am selben Tag zu schlachten. Damit soll verhindert werden, dass der Mutter unnötige Schmerzen zugefügt werden.

Denn hier gibt es keinen Unterschied zwischen Menschen und anderer Geschöpfen, denn die Mutterliebe zum jungen Tier ist nicht eine Folge der Vernunft, sondern der natürlichen Veranlagung.

(E. Hecht M Kaiserling Lehrbuch der jüdischen Geschichte und Literatur, Leipzig 1909. S. 60)

Moses zerschlägt die Gesetzetafeln. Kupferstich von Matthäus Merian d.Ä. (1625/27)

1. Was sagen Sie zum Regelwerk, bzw. zum Schlachten der Tiere? Haben Sie selbst mal ein Tier geschlachtet oder dem Schlachten beigewohnt? Wenn ja erzählen Sie von Ihren Assoziationen?

2.Interpretieren Sie die obige Verpflichtung?

3.Was ist auf dem obigen Bild dargestellt? Beschreiben Sie es. Wenn Sie es nicht wissen, machen Sie von den Nachschlagewerken Gebrauch.

Welche Religion ist die richtige?

1. Lesen Sie den Text und versuchen Sie auf die unten angegebenen Fragen zu antworten?

Es gibt Menschen, die sagen: „Meine Religion ist die einzig richtige. Die Leute mit dem falschen Glauben sind arm dran. Man muss ihnen die richtige Lehre zeigen. Das gefällt Gott, und er belohnt diejenigen, die anderen Menschen den richtigen Weg zeigen."

„Ich glaube an die fundamentale Wahrheit aller großen Religionen der Welt. Ich glaube, dass jede notwendig war für das Volk, dem sie geoffenbart wurde. Und ich glaube: wenn jeder von uns die heiligen Schriften der verschiedenen Glaubensbekenntnisse mit den Augen der Anhänger dieser Bekenntnisse lesen könnte, so würden wir feststellen, dass alle diese Schriften dieselbe Wurzel haben und einander stützen."

(Mahatma Gandhi)

-Welche Ereignisse in Geschichte oder Gegenwart fallen ihnen zu den drei Aussagen ein, bei denen Menschen entsprechend gehandelt haben?
-Der Dichter Gotthold Ephraim Lessing hat sich mit dem Thema Religionen in reinem dramatischen Gedicht „Nathan der Weiße" beschäftigt.
-Vielleicht kann Ihnen Ihre Deutschlehrerin/Ihr Deutschlehrer dabei helfen, in die Erörterung dieses Problems Lessing: „Ringparabel" einzubeziehen. Zu welcher der drei Aussagen oben passt sie?

Einzelne Vertreter von verschiedenen Religionsgemeinschaften versuchen heute, interreligiöse Gespräche zu führen. Ein jüdischer Rabbi, ein katholischer Privater und ein Buddhist haben gemeinsam ein Buch geschrieben mit dem Titel: „Wie buchstabiert man Gott?" Darin kann man lesen:

„Wie man weiß, gibt es nie nur einen Weg, um einen Berg zu besteigen. Wenn der Berg wirklich groß ist, führen immer viele Wege zu seinem Gipfel, Alle Religionen auf der Welt sind wie all die verschiedenen Wege auf den Berg, sind nichts anderes als die unterschiedlichen Wege, auf denen wir, Menschen versucht haben, Gott zu begreifen. Zu glauben, es sollte nur eine Religion auf der Welt geben, wäre genauso wie zu glauben, es sollte nur einen Weg auf jeden Berg geben. Warum sollte das so sein?"

3.Was würden diese drei Personen antworten auf die Frage: „Welche Religion ist die richtige?" Überlegen Sie: Was würden sie über die Beziehung ihrer Religion zu sich selbst, was über die Beziehung ihrer Religion zu anderen Menschen sagen?

Erklärung zum Weltethos

Parlament der Weltreligion

4. September Chicago, U.S.A

Grundforderung
Jeder Mensch muss menschlich behandelt werden

Es gibt ein Prinzip, die Goldene Regel, die seit Jahrtausenden in vielen religiösen und ethischen Traditionen der Menschheit zu finden ist und sich bewährt hat: Was du nicht willst, was man dir tut, das mg auch keinem anderen zu. Oder positiv: Was du musst, was man dir tut, das tue auch den anderen! Dies sollte die unverrückbare. unbedingte Norm für alle Lebensbereiche sein. für Familie und Gemeinschaften, für Rassen. Nationen und Religionen.
Egoismen jeder Art jede Selbstsucht, sie sei individuell oder kollektiv, sie trete auf in der Form von Klassendenken, Rassismus. Nationalismus oder Sexismus - sind verwerflich. Wir verurteilen sie, weil sie den" Menschen daran hindern. wahrhaft Mensch zu sein. Selbstbestimmung und Selbstverwirklichung sind durchaus legitim solange sie nicht von der Selbstverantwortung und Weltverantwortung des Menschen, von der Verantwortung für die Mitmenschen und den Planeten Erde losgelöst sind.
Dieses Prinzip schließt ganz konkrete Maßstäbe ein, an die wir Menschen uns hatten sollen. Aus ihm ergeben sich vier umfassende uralte Richtlinien, die sich in den meisten Religionen dieser Welt finden,

1.Verpflichtung auf die Kultur der Gewaltlosigkeit und der Ehrfurcht vor dem Leben.
2.Verpflichtung auf eine Kultur der Solidarität und eine gerechte Wirtschaftsordnung.
3.Verpflichtung auf eine Kultur der Toleranz und ein Leben in Wahrhaftigkeit.
4.Verpflichtung auf eine Kultur der Gleichberechtigung und die Partnerschaft von Mann und Frau.

-Übersetzen Sie den Text bitte in Ihre Sprache.
-Erkunden Sie, welche Gebote in den religiösen Traditionen Ihres Landes den vier Richtlinien dieser Erklärung entsprechen.
-Übersetzen Sie den Text bitte in Ihre Sprache.
-Erkunden Sie, welche Gebote in den religiösen Traditionen Ihres Landes den vier Richtlinien dieser Erklärung entsprechen.
-Welchen Zusammenhang sehen Sie zum Begriff der multikulturellen Gesellschaft?

-Sind die Grundforderungen des „Parlaments der Weltreligionen“ durchsetzbar? Begründen Sie Ihre Ansicht!

Juden, Christen und Muslime

Gemeinsamkeiten in Lehre und Handeln

Judentum, Christentum und Islam sind drei Weltreligionen. deren Anhänger an einen Gott glauben. Sie können sich außerdem auf viele Gemeinsamkeiten berufen. Alle drei sind nacheinander im Nahen Osten entstanden und haben sich von dort aus verbreitet. Alle drei bekennen sich zum Erbe der Bibel.
Das Judentum ist die älteste der drei Religionen. Seine Ursprünge reichen bis zum Ende des 2. Jahrtausends v. Chr. zurück. Es hat sich seit Mitte des 2. Jahrtausends v. Chr. herausgebildet
Das Christentum ist im 1. Jahrhundert n. Chr. In Palästina im Rahmen des Judentums entstanden. Juden und Christen haben immer zusammengelebt.
Der Islam ist im 7. Jahrhundert n. Chr. Auf der Arabischen Halbinsel gewachsen und Muslime haben anfangs in jüdischem und christlichem Umfeld gelebt.
Vergleicht man grundlegende Auffassungen der drei Religionen, so sind sie einander sehr ähnlich.

	Judentum	Christentum	Islam
Entstehung	Mitte 1.Jt. v. Chr.	1.Jh. n. Chr.	7.Jh. n. Chr.
Ort der Entstehung	Palästina	Palästina	Arab, Halbinsel
Glaube an	einen Gott	einen Gott	einen Gott
Zentrale Persönlichkeit	Moses	Jesus	Mohammed
Heilige Schrift	Bibel	Bibel	Koran
Sakrale Gebäude	Synagoge	Kirche	Moschee
Symbol	Davidstern	Kreuz	Halbmond

Aus Ethik, a.a.o, Seite 151

Welche weiteren grundlegenden Gemeinsamkeiten sind zu ergänzen?
(Gemeinsame Handlungen-Gebet-, Gestalten aus der biblischen Tradition, Rolle der Bibel, Nachdenken über Menschheitsfragen)

„Nathan der Weise“

1779 schrieb der große deutsche Aufklärer Gotthold Ephraim Lessing (1729 1781) das dramatische Gedicht „Nathan der Weise“. Es ist ein Werk der Toleranz, Humanität und Völkerverständigung, dessen vollendetes Kernstück die Ringparabel darstellt. Das Motiv von der drei Ringen als Allegorie der drei Religionen gehört zum Bestand spätmittelalterlicher Geschichtensammlungen. Die unmittelbare literarische Quelle für den Nathan ist die 3. Novelle des ersten Tages aus Giovanni Boccias (1313-1375)“Dekamerone“ (1349/52).

Wir lesen uns in den 3. Aufzug, 5. Und 7. Auftritt ein. Benutzen Sie das Wörterbuch, wenn nötig auch den Text in Ihrer Muttersprache.

3. Aufzug, 5.Auftritt

S a l a d i n. - Da du nun
So weise bist: so sage mir doch einmal -
Was für ein Glaube, was für ein Gesetz
hat dir am meisten eingeleuchtet?
N a t h a n. Sultan,
Ich bin ein Jud.
S a l a d i n. Und ich ein Muselmann.
Der Christ ist zwischen uns. - Von diesen drei
Religionen kann doch eine nur
Die wahre sein. - Ein Mann, wie du, bleibt da
Nicht stehen, wo der Zufall der Geburt
Ihn hingeworfen: oder wenn er bleibt,
Bleibt er aus Einsicht, Gründen,Wahl des Bessern
Wohlan! so teile deine Einsicht mir
Dann mit. Lass mich die Gründe hören denen
Ich selber nachzugrübeln, nicht die Zeit
gehabt. Lass mich die Wahl, die diese Gründe
Bestimmt,-versteht sich, im Vertrauen – wissen,
Damit ich sie zu meiner mache.

3. Aufzug, 7.Auftritt

N a t h a n.
Erlaubst du wohl, dir ein Geschichtchen zu
Erzählen?
S a l a d i n: Warum das nicht? Ich bin stets
ein Freund gewesen von Geschichtchen, gut
Erzählt.
N a t h a n: Ja *gut* erzählen, das ist nun

S a l a d i n. Ich versteh dich. Weiter!
N a t h a n.
So kam nun dieser Ring, von Sohn zu Sohn,
Auf einen Vater endlich von drei Söhnen;
Die alle drei ihm gleich gehorsam waren,
Die alle drei er folglich gleich zu lieben
sich nicht erbrechen konnte. Nur von Zeit
Zu Zeit schien ihm bald der, bald dieser, bald
Der Dritte, -sowie jeder sich mit ihm
Allein befand, und sein ergießend Herz
Die anderen zwei nicht teilten, - würdiger
Des Ringers; den er denn auch einen jeden
Die fromme Schwachheit hatte, zu versprechen.
Das ging nun so, solang es ging. -Allein
Es kam zum Sterben, und der gute Vater
Kömmt in Verlegenheit. Es schmerzt ihn, zwei
Von seinen Söhnen, die sich auf sein Wort
Verlassen so zu kränken. – Was zu tun? –
Er sendet in geheim zu einem Künstler,
Bei dem er, nach dem Muster seines Ringes,
Zwei andere bestellt, und weder Kosten
Noch Mühe sparen heißt, sie jenem gleich,
Vollkommen gleich zu machen. Das gelingt
Dem Künstler. Da er ihm die Ringe bringt,
Kann selbst der Vater seinen Musterring
Nicht unterscheiden. Froh und freudig ruft
Er seine Söhne, jeden insbesondere;
Gibt jedem insbesondere, seinen Segen,-
Und seinen Ring,- und stirbt. – Du hörst doch
Sultan?

S a l a d i n: (der sich betroffen von ihm gewandt).

Wohl eben meine Sache nicht.
S a l a d i n: Schon wieder
So stolz bescheiden? - Mach! erzähl, erzähle!
N a t h a n.
Vor grauen Jahren lebt ein Mann in Osten,
Der einen Ring von unschätzbarem Wert
Aus lieber Hand besaß. Der Stein war ein
Opal, der hundert schone Farben spielte,
Und hatte die geheime Kraft, vor Gott und
Menschen angenehm zu machen, wer
In dieser Zuversicht ihn trug. Was Wunder,
dass ihn der Mann in Osten darum nie
Vom Finger ließ; und die Verfügung traf,
Auf ewig ihn bei seinem Hause zu
Erhalten. Nämlich so. Er ließ den Ring
von seinen Söhnen dem geliebtesten;
Und setzte fest, dass dieser wiederum
den Ring Von seinen Söhnen dem vermache,
Der ihm liebste seid stets der liebste,
Ohn' Ansehen der Geburt, in Kraft allein
des Rings, das Haupt, der Fürst des Hauses erde. -
-Versteh mich, Sultan.

Ich hör, ich höre! – Komm mit deinem Märchen
Nur bald zu Ende.-Wird's?
N a t h a n. Ich bin zu Ende.
Denn was noch folgt, versteht sich ja von selbst. -
-Kaum war der Vater tot, so kömmt ein jeder
mit seinem Ring, und jeder will der Fürst
Des Hauses sein. Man untersucht, man zankt,
Man klagt. Umsonst; der rechte Ring war nicht
Erweislich; - (nach einer Pause, in welcher er des
Sultans Antwort erwartet)
Fast so unerweislich, als
Uns sitzt—der rechte Glaube.
S a l a d i n. Wie? das soll
Die Antwort sein auf meine Frage?...
N a t h a n. Soll
Mich bloß entschuldigen, wenn ich die Ringe
Mir nicht getrau zu unterscheiden, die
Der Vater in der Absicht machen ließ,
Damit sie nicht zu unterscheiden wären.
S a l a d i n.
Die Ringe! – Spiele nicht mit mir- Ich dächte,
dass die Religionen, die ich dir
Genannt, doch wohl zu unterscheiden wären.
Bis auf die Kleidung, bis auf Speis' und Trank!

N a t h a n. Und nur von Seiten ihrer Gründe nicht.-
Denn gründen alle sich nicht auf Geschichte?
Geschrieben oder überliefert! - Und
Geschichte muss doch wohl allein auf Treu
Und Glauben angenommen werden? – Nicht? –
Nun, wessen Treu und Glauben zieht man denn
Am wenigsten in Zweifel? Doch der Seinen?
Doch deren Blut wir sind? doch deren, die
Von Kindheit an uns Proben ihrer Liebe
Gegeben? die uns nie getäuscht, als wo
Getäuscht zu werden uns heilsamer war? –
Wie kann ich meinen Vätern weniger
Als du den deinen glauben? Oder umgekehrt. –
Kann ich von dir verlangen, dass du deine
Vorfahren Lügen strafst, um meinen nicht
Zu widersprechen? Oder umgekehrt.
Das Nämliche gilt von den Christen. Nicht? –
Saladin. (Bei dem Lebendigen! Der Mann hat recht.
Ich muss verstummen.)
N a t h a n. Lass auf unsre Ring'
Uns wiederkommen. Wie gesagt: die Söhne
verklagten sich; und jeder schwur dem Richter,
Unmittelbar aus seines Vaters Hand
Den Ring zu haben. – Wie auch wahr! – Nachdem
Er von ihm lange das Versprechen schon
Gehabt, des Ringes Vorrecht einmal zu
Genießen. – Wie nicht minder wahr! – Der Vater,
Beteuerte jeder, könne gegen ihn
Nicht falsch gewesen sein; und eh' er dieses

S a l a d i n. Herrlich! herrlich!
N a t h a n. Und also, fuhr der Richter fort, wenn ihr
Nicht meinen Rat, statt meines Spruches, wollt:
Geht nur! – Mein Rat ist aber der: ihr nehmt
Die Sache völlig wie sie liegt. Hat von
Euch jeder seinen Ring von seinem Vater:
So glaube jeder sicher seinen Ring
Den echten.- Möglich; dass der Vater nun
Die Tyrannei des *einen* Rings nicht länger
In seinem Hause dulden wollen! – Und gewiss;
Dass er euch alle drei geliebt, und gleich
Geliebt: indem er zwei nicht drücken mögen,
Um einen zu begünstigen. – Wohlan!
Es eifre jeder seiner unbestochnen
Von Vorurteilen freien Liebe nach!
Es strebe von euch jeder um die Wette,
Die Kraft des Steins in seinem Ring´ an Tag
Zu legen! komme dieser Kraft mit Sanftmut
Mit herzlicher Verträglichkeit, mit Wohltun,
Mit innigster Ergebenheit in Gott
Zu Hilf´! Und wenn sich dann der Steine Kräfte
Bei euern Kindes – Kindeskindern äußern:
So lad ich über tausend tausend Jahre
Sie wiederum vor diesen Stuhl. Da wird
Ein weiser Mann auf diesem Stuhle sitzen
Als ich; und sprechen. Geht! – So sagte der
Bescheidene Richter.
S a l a d i n. Gott! Gott!
N a t h a n. Saladin,
Wenn du dich fühlest, dieser weisere
Versprochene Mann zu sein:...
S a l a d i n (der *auf ihn zustürzt und seine Hand ergreift, die er bis zu Ende nicht wieder Farben lässt).*

Von ihm, von einem solchen lieben Vater,
Argwohnen lass': eh' muss ' er seine Brüder,
So gern er sonst ihnen nur das Beste
Bereit zu glauben sei, des falschen Spiels
Beziehen; und er wolle die Verräter
Schon auszufinden wissen; sich schon rächen.
S a l a d i n
Und nun, der Richter? – Mich verlangt zu hören,
Was du den Richter sagen lassest. Sprich!
N a t h a n.
Der Richter sprach: Wenn ihr mir nun den Vater
Nicht bald zur Stelle schafft, so weiß ich euch
Von meinem Stuhle. Denkt ihr, dass ich Rätsel
Zu lösen da bin? Oder harret ihr,
Bis, dass der rechte Ring den Mund eröffne? -
Doch halt! Ich höre ja, der rechte Ring
Besitzt die Wunderkraft beliebt zu machen;
Vor Gott und Menschen angenehm. Das muss
Entscheiden! Denn die falschen Ringe werden
Doch das nicht können! – Nun; wen lieben zwei
Von Euch am meisten? – Macht, sagt an! Ihr
schweigt?
Die Ringe wirken nur zurück? und nicht
Nach außen? Jeder liebt sich selber nur
Am meisten? – Oh, so seid ihr alle drei
Betrogene Betrüger! Eure Ringe
Sind alle drei nicht echt. Der echte Ring
Vermutlich ging verloren. Den Verlust
Zu bergen, zu ersetzen, ließ der Vater
Die drei für einen machen.

Ich Staub? Ich Nichts?
O Gott!
N a t h a n. Was ist dir, Sultan?
S a l a d i n. Nathan, lieber Nathan! -
Die tausend Jahre deines Richters
Sind noch nicht um. – Sein Richterstuhl ist nicht
Der meine. – Geh! – Geh!
-Aber sei mein Freund.

Wir arbeiten am Text

1. Haben Sie den komplizierten Text verstanden? Gab es unbekannte Wörter, Begriffe?

>>>>>Worum bittet der Sultan Saladin den jüdischen Kaufmann Nathan?

>>>>>Erzählen Sie Nathans Geschichtchen!

-Der Mann im Osten

-Die geheime Kraft des Ringes

-Das Problem des Vaters von drei Söhnen und sein Entschluss

-Der Streit der Söhne

-Der Gedanke des Richters

2. Diese Erzählung Nathans ist als Ringparabel in die Literaturgeschichte eingegangen.

In der Parabel wird eine gleichnishafte Geschichte erzählt, die nur als ein Beispiel zu verstehen ist. Aus der dargestellten Begebenheit soll der Leser eine Erkenntnis ableiten, die im Text selbst nicht direkt genannt wird. Dazu muss er das, was erzählt wird, die Bildebene, auf das übertragen, was eigentlich gemeint ist, die Bedeutungsebene. Die Parabel fordert den Leser auf, aus den gewonnenen Erkenntnissen Folgerungen für die Wirklichkeit seines eignen Lebens zu ziehen.

3. Fassen Sie zusammen:

a) Was sagt Lessing in der Bildebene?

b) Was meint Lessing in der Sinnebene?

-In der Parabel wird zum Ausdruck gebracht, dass…

-Im Mittelpunkt der Parabel steht die Frage…

-Die Parabel ist gegen …gerichtet.

- Lessing unterwirft…einer scharfen Kritik.

-Die Moral der Parabel besteht darin, dass…

4. Sind die Problem, mit denen sich Lessing auseinandersetzt, land- und zeitgebunden? Nehmen Sie Stellung.

5. Übersetzen Sie den Auszug, wo vom Vater und seinen drei gleichen Söhnen erzählt wird, schriftlich in Ihre Muttersprache.

6. Welche Parabeln und Parabeldichter kennen Sie aus Ihrem Land? Wer kann eine Parabel wirkungsvoll auf Deutsch erzählen?

1. Erklären Sie Realien: *DER JUDE, DER MUSULMANN (MUSLIM), DER CHRIST, DER SULTAN.*

2. Erläutern Sie die Etymologie: *DER WEISE; DER FÜRST, DER KÜNSTLER.*

3. Erläutern Sie die Bedeutung der unterstrichenen Wörter; Übersetzen Sie sie.

1. Da du nun so weise bist, so sage mir doch einmal …
2. Von diesen drei Religionen kann doch eine nur die wahre sein, - so teile deine Einsicht mir dann mit.
3. Wie gesagt, die Söhne verklagten sich.

4.Und nun der Richter? Mich verlangt zu hören, was du den Richter sagen lässt. Sprich!
5. Der Richter versetzte ...?

4.Übersetzen Sie, erklären Sie Bedeutung und Gebrauch der Verben des Sagens.
1. Was könnte ich ihm jetzt noch sagen? 2. Er weiß auf alles etwas zu sagen.3.Darüber lässt sich reden. 4. Vom Reden wird die Sache nicht besser5.Dass mich nur von mir sprechen.
6. Wahrhaftig, ich habe noch nie so viel geredet; ich kann nämlich gar nicht reden. lch verstehe mich selber nicht, da rede ich und rede. 7. Aber sie sind keine Spur von allwissend. Sie wissen, was man Ihnen sagt. 8. Wir sprechen noch darüber.
SAGEN, SPRECHEN oder REDEN?

1. Es gibt Menschen, die lange … können, ohne etwas zu …. 2. Heute … wir über die Fabeln von Lessing. 3. Es ist nicht leicht, ein einwandfreies Deutsch zu …. 4. Nun … wir endlich, worüber du mit mir … wolltest. 5. Während des Deutschunterrichts wird jeder Student veranlasst, einige Minuten zusammenhängend deutsch zu …. 6. Kann deine Tochter schon …? 7. Er … immer ins Gesicht, was er meint.
2. Wie heißen die Äquivalente zu folgenden Phraseologismen in Ihrer Muttersprache, gebrauchen Sie sie in Situationen!
   Fein gesagt; auf gut Deutsch sagen; wer A sagt, muss auch B sagen; unter uns gesagt; gesagt-getan!
   Erklären Sie die Bedeutung der folgenden Verben durch Fügungen mit SAGEN, REDEN und SPRECHEN;

   Wiederholen, duzen, schwatzen, sich unterhalten, schreien, flüstern.
   Nennen Sie Synonyme zu folgenden Wörtern.
   Die Einsicht, die Geschichte, das Ansehen, die Mühe.

   Nennen Sie Antonyme zu folgenden lexikalischen Einheiten.
   Ganz, wahr, stets, grau, lieb, angenehm, gleich, bald, weise.
   Lernen Sie das Gedicht von J.W. Goethe „Talismane" auswendig.

Talismane

Gottes ist der Orient!
Gottes ist der Okzident!
Nord – und südliches Gelände
Ruht im Frieden seiner Hände.

Er der einzige Gerechte
Will für jedermann das Rechte.
Sei von seinen hundert Namen
Dieser hochgelobet! Amen.

لتعويذات

المشرق هو الله!
الغرب هو الله!
والجنوبية الشمالية التضاريس
يديه سلام في ارتاح.

.رجل لكل الحق تريد
الكثيرة أسمائه من كن

الصالح الوحيد الرجل هو

Was sagen Ihnen die folgenden Texte und Bilder? Kommentieren Sie

DIREKT VOR MEINER NASE, WIE MAN EINE GANZE WELT DER SCHÖNHEIT IN EINER EINZIGEN BLUME ENTDECKEN KANN, SOKKANN MAN AUCH DIE MÄCH-TIGE GNADE GOTTES IN EINEM EINZIGEN KLEINEN AUGENBLICK ERLEBEN!

MAN MUSS KEINE GROSSEN REISEN MACHEN. UM DIE SCHÖNHEIT DER SCHÖP-FUNG ZU SEHEN, UND EBENSO BRAUCHT MAN KEINE GROSSEN EKSTASEN ZU HABEN? UM DIE LIEBE GOTTES ZU ENTDESKEN.

ABER MAN MUSS STILL SEIN UND WARTEN, UM ZU BEGREIFEN, DASS GOTT NICHT IM ERDBEBEN UND NICHT IM STURM ODER IM BLITZ IST, SONDERN IN DER SANFTEN BRISE, MIT DER ER UNS VON HINTEN ANRÜHRT.

Zur Information in eine Art Materialfonds im Anhang

Zusatzmaterial M1

Wichtige christliche Kirchen und Gemeinschaften

1. *Katholiken*

   Sie bilden die größte christliche Kirche der Welt. An ihrer Spitze steht der Papst, seit 1978 Johannes Paul II.

2. *Protestanten*

Sie umfassen die auch evangelisch genannten Kirchen und Gemeinschaften, die ursprünglich im 16.Jahrhundert aus Protest gegen die katholische Kirche entstanden sind. '

a) *Lutheraner*

Sie entstanden nach 1530 durch das Wirken von Martin Luther und sind vor allem in Mittel und Nordeuropa, den USA und Afrika verbreitet.

b) *Reformierte*

Sie entstanden in der Schweiz durch das Wirken der Reformatoren Ulrich Zwingli und Johannes Calvin und sind vor allem in Westeuropa, aber auch in Deutschland verbreitet. Die französischen Reformierten, die Hugenotten, mussten im 17. Jahrhundert ihre Heimat verlassen und ließen sich dann z.T. in Deutschland nieder.

c) *Anglikaner*

Sie entstanden im 16.Jahrhundert in England und sind vor allem in Großbritannien und englischsprachigen Gebieten verbreitet.

d) *Freikirchen*

Sie haben sich aus Kirchen der Reformation entwickelt Zu ihnen gehören z.B.

-Baptisten

Sie haben sich im 17.1ahrhundert herausgebildet und lehnen die Kindertaufe ab.

- Brüderunität.

Sie wurde im 18. Jahrhundert in der Oberlausitz begründet, l wo ihr Zentrum Herrnhut liegt, und hat in vielen Teilen der Welt missioniert.

Mennoniten

Sie entstanden aus reformierten Kreisen und lehnen Kinder. taufe, Kriegsdienst und Eidesleistung ab.

Methodisten

Sie trennten sich im 18.1ahrhundert von den Anglikanern. in den USA bilden sie die größte Freikirche. Quäker (Religiöse Gesellschaft der Freunde) Sie sind im 17. Jahrhundert entstanden, lehnen den Kriegsdienst ab und entwickeln eine umfangreiche Sozialarbeit.

3. *Orthodoxe*

Sie bilden die Kirchen, die im Osten des Römischen Reiches bestanden und heute vor allem in Osteuropa und Westasien verbreitet sind. im Jahre 1054 kam es zur Trennung zwischen ihnen und den Katholiken. Die orthodoxen Kirchen stehen unter der Leitung von Patriarchen. ihre bedeutendste ist die Russische Orthodoxe Kirche.

4. *Orientalische Nationalkirchen*

Sie sind im 5. Jahrhundert durch Auseinandersetzungen in der Kirche des Römischen Reiches entstanden und bis heute vor allem in Westasien, Afrika und Indien verbreitet,

a) *Monotheisten*

Sie bezeichnen sich selbst als Orthodoxe und sind z. B. in der Armenischem der Äthiopischen und der Koptischen Kirche in Ägypten organisiert.

b) *Nestorianer*

Sie bilden eine kleine Restgemeinschaft in Westasien und durch Einwanderer in den USA.

Die Orientalischen Nationalkirchen stehen unter der Leitung von Patriarchen. Sie haben einen bedeutenden Beitrag bei der Verbreitung des Christentums in Asien und Afrika seit dem späten Altertum geleistet.

5. *Afrikanische Unabhängige Kirchen*

Sie sind aus Kirchen entstanden, die von Europa oder Amerika aus in Afrika missioniert haben und bemühen sich um die Einbeziehung afrikanischer Elemente in ihre Lehren und Praktiken. Am bedeutendsten sind die Kimbanguisten in Zaire.

6. *Neue Religionsgemeinschaften*

Sie sind seit dem 19. Jahrhundert im christlichen Umfeld entstanden. Zu ihnen gehören z. B. Adventisten, die Christengemeinschaft, die 1878 in England gegründete Heilsarmee, die Mormonen und die Zeugen Jehovas.

Wörterverzeichnis

Aberglaube, der,- ens, -n	- rückständiger, auf überholten religiösen Entwicklungsstufen beruhender oder der Lehrmeinung der Kirche widersprechender Glaube
Ablassbrief, der, - (e) s, -e	- Dokument, das um 1500 zum angeblichen Erlass zeitlichen Sündenstrafen verkauft wurde.
Adam, der, -s	- der erste Mensch
akzeptieren (V. t.)	- annehmen
Almosen, das, -s, -	- Gabe an Arme, Bedürftige, milde Gabe, herablassend Gegebenes kleines (Geld-) Geschenk
Auferstehung, die, e, -en	- das Auferstehen, - Christi, - von Tode
Aussätzige, der, en, –n	- der mit Aussatz behaftete, an Aussatz erkrankte
begehren (V. t.)	1 sehnlich wünschen, 2 etwas haben wollen
Beichte, die,-,-n	öffentliches oder geheimes Aussprechen seiner Sünden, Sündenbekenntnis
Beichtgeheimnis, das, -ses, -se	- Pflicht des Beichtvaters, Stillschweigen über das ihm Gebeichtete zu bewahren
Beichtstuhl, der - s, - stühle	- dreiteiliges Holzgehäuse mit einem Mittelteil für den Beichtvater und zwei abgeteilten, mit einem Gitter zum Sprechen versehenen Seitenteilen für den Beichtenden

Beichtvater, der, -s	- Geistlicher, der die Beichte abnimmt.
Beichtzimmer, das, -s	- Zimmer, wo die Beichte abgenommen wird
Bekehrung, die, -, - en	- das Bekehren, (jmdn. Von etwas überzeugen)
Bergpredigt, die, -, -en	eine Predigt Christi
Besinnung, die, -, en	- das Besinnen, Überlegung, Erinnerung, Bewusstsein
Bistum, das, -s, -er	Verwaltungsbereich eines Bischofs
blutrünstig (Adj.)	- mordgierig, von viel Mord und Totschlag handelnd
Charta (karta) die, -, s	- Papierblatt zum Schreiben, Urkunde, Verfassungskunde
debattieren (V. t. u. V. i.)	- über etwas mündlich verhandeln, etwas Erörtern
Dezimalsystem, das,-s,-e	-auf der Zahl 10 beruhendes Zahlen- und Kechensystem
Diözese, die, -, -,	- Bistum
dichotom (Adj.)	- gabelartig, zweiteilig
Elite, die, -, unz	-Auslese, das Beste, die Besten
Erstkommunikant, der, -es, -en	- jmd. der zum erstenmal die Kommunion empfängt oder zur Kommunion geht
Eucharistie, die, -, -n	- Dankgebet vor dem Abendmahl; dieses selbst
Exkommunikation, die, -, -en	- Ausschluss aus der Kirchengememeinschaft
Facette, die, -, -n	- Schleiffläche an Edelsteinen oder Glas; schräger Rand des Klischees zum Befestigen auf der Druckunterlage
Fiasko, das, -s, -s	- Durchfallen eines Theaterstückes oder eines Künstlers; Misserfolg; Zusammenbruch
Firmung, die,-, -en	- vom Bischof durch Salbung und

	Handauflegen vollzogenes katholisches Sakrament, dient der Kräftigung im Glauben und verleiht die Gnade der Standhaftigkeit
Frömmigkeit, die, -, -en	- das Frommsein, die Gläubigkeit, Gottes furcht
Gebot, das, -e s, -e	- Befehl, Anordnung, Verordnung (moral.) Grundgesetz, Preisangebot
Gewissheit, die, -, -en	- Sicherheit, Bestimmtheit, Bewusstsein der Wahrheit
Gottesdienst, der, - e s, -e	- gemeinsame Verehrung Gottes durch die Gemeinde, Anbetung Gottes
gotteslästerlich (Adj.)	- Gott lästernd, beschimpfend, herabwürdigend
Institution, die, -, - en	- Einsetzung, Einweisung (in ein Amt), (Staatliche Einrichtung, z.B. Parlament, Behörde, Stiftung, Gesellschaft)
Konvertit der,-en, -en	- jmd, der zu einer anderen Konfession konvertiert ist (bes. zum Christentum oder zum Katholizismus)
Kanzel die,-, - n	- erhöhter Predigerstand in der Kirche; Lehrstuhl an einer Hochschule; verglaster Führersitz im Flugzeug
Katechismus der, -, - men	- kurzes Lehrbuch (bes. Für den Religionsunterricht) in Frage und Antwort
Mission, die, -, -en	- ernster, feierlicher Auftrag, Sendung, Vollmacht; zu bes. Aufgaben ins Ausland entsandte Gruppe von Personen
Offenbarung die, -en	- Bekenntnis, plötzliche Erkenntnis; Kundgebung Gottes
Okzident, der, - es, unz.	- Westen, Abend, Abendland
Orient, der, -s, unz.	- die Länder des Nahen, Mittleren und Fernen Ostens, Morgenland
Parabel, die, -, -n	- lehrhafte Erzählung, die eine allgemein sittliche Wahrheit an einem Beispiel veranschaulicht
Paradies, das -es, - e	- Garten Eden, Garten Gottes, Himmel.

	Vorhalle der altchristlichen Basilika mit Brunnen
Pastor, der, -s, -n	- Pfarrer, Geistlicher
postulieren (V, t,)	fordern, ein Postulat (Forderung) über etwas aufstellen
Polytheismus, der, -en, -men	- Glaube an mehr er Götter zugleich
Prophet, der, -en, -en	- jmd., der etwas prophezeit Seher, von Gott berufener Mahner, Weissager
Rapide (Adj.)	- sehr schnell
Regelwerk, das –(e)s, -e	Vorschrift, Norm, das allgemein Übliche
Religionsstifter, der, -s, -	Begründer einer Religion
Salbung, die, -, -en	Einreiben des Körpers mit Salbe, Öl oder Fett zur Körperpflege
sakral (Adj.)	zum Kreuzbein gehörig, in der Gegend des Kreuzbeins gelegen
Sakrament, das, -s, -e	(auf Christus zurückgeführte) religiöse Handlung, bei den besonderen Ganden vermittelt werden, Symbol dieser Gnaden
säkularisieren (V.t.)	verweltlichen
Sündenvergebung, die, -, -en	die Vergebung der Sünden durch Gott bzw. stellvertretend durch den Priester
Sure, die, -, -n	Abschnitt des Korans
Synagoge, die, -, -n	Gotteshaus, Tempel der Juden
Taufbuch, das, -es, -bücher	Taufregister
Taufe, die, -, -n	Sakrament der Aufnahme des Täuflings in die Gemeinschaft der Christen durch Besprengen des Kopfes mit Wasser durch den Geistlichen, bei manchen Sekten durch Untertauchen des ganzen Körpers
Talisman, der, -s, -e	kleiner, meist am Körper getragener, vermeintlich schützender oder glückbringender gegenstand

Talmud, der, -es, (unz.)	Aufzeichnung (6.Jh.v.Chr. bis 9.Jh.Chr.) der jüd. Lehren, Vorschriften, Überlieferungen
Testament, das, -(e)s, -e	letzter Wille, letztwillige Verfügung, Teil der Bibel
Theologie, die, -, (unz.)	Lehre von der Religion, bes, von der Christlichen
Toleranz, die, - , -en	tolerantes Verhalten, Duldsamkeit
Verpflichtung, die, -, -en	das Verpflichtet sein, Pflicht, Obliegenheit, Aufgabe

Textnachweis

1. Hans Küng, Existiert Gott? Piper, München 1978
2. Juma,1993
3. Religionen unsere Welt, Leipzig 1992, S.130
4. Tageszeitung. 1996, N 18
5. Ethik. hg. v. K-H Geelhaar. Bd.2 Militzke Verlag. Leipzig 1995 S.133
6. Adelbert Reif die Welt 24.02.1996
7. Elf Gebote Nach Vopel Klaus Interaktionsspiele für Jugendliche, Teil1Kopress 1991 S.18
8. Linguist Mog. A. Spielarten, Langenscheidt 1996 S.101
9. Religion in Deutschland, Moskau 1994
10. Die Zeit, N22, 26.Mai 1995
11. G.E. Lessing Nathan der Weise, 3.Aufzug, 5 und 7 Auftritt
12. Focus 25/1996 ,17/1996
13. Religion in Deutschland, Themenheft, München 1995

MIX
Papier aus verantwortungsvollen Quellen
Paper from responsible sources
FSC® C105338

Printed by Books on Demand GmbH, Norderstedt / Germany